MVFOL

El sueño de mi desvelo

El sueño de mi desvelo

Historias nocturnas
e imborrables
de la NBA

Antoni Daimiel

Prólogo de Marc Gasol

rocabolsillo

© Antoni Daimiel, 2013

Primera edición en este formato: abril de 2016

© de esta edición: Roca Editorial de Libros, S.L.
Av. Marquès de l'Argentera 17, pral.
08003 Barcelona
actualidad@rocaeditorial.com
www.rocalibros.com

© del diseño de portada: Ignacio Ballesteros / *imasd*
© de las fotos: Archivo Efe.

Impreso por LIBERDÚPLEX, S.L.U.
Crta. BV-2249, km 7,4, Pol. Ind. Torrentfondo
Sant Llorenç d'Hortons (Barcelona)

ISBN: 978-84-16240-56-2
Depósito legal: B. 4.922-2016
Código IBIC: WSJM

RB40562

Índice

«No sé si lo que yo hago es volar.
Solo sé que cuando estoy en el aire
hay veces que siento que no voy a caer nunca.»

MICHAEL JORDAN

*P*arece que el hechizo con el que nació *El sueño de mi desvelo* no se oxida ni envejece. Después de una acogida en ventas y afectos imposible de prever en el más optimista de mis sueños, y tres años después de finalizar su redacción, me llegó la noticia de la salida de esta edición de bolsillo. Resulta asombroso darse cuenta de la cantidad de sucesos ocurridos desde entonces alrededor de la NBA, acontecimientos reseñables, históricos o al menos susceptibles de ser comentados o considerados bajo la perspectiva de lo que pretendió, y en buena parte consiguió ser *El sueño de mi desvelo*. Si se reactualizara esta obra como tal, habría que añadir unos cuantos capítulos extras. Me permito simplemente dejarles una breve actualización.

En mayo del 2013 este relato de sueños y desvelos donde la NBA es a la vez motivo y excusa, se quedó entre medias del fuego y el horno: logró codearse en ventas con el *Inferno* de Dan Brown y con *Objetivo: Cupcake perfecto* de Alma Obregón Fernández. Marc Gasol fue defensor del año, Ibaka máximo taponador y Calderón como el triplista más efectivo. Mientras asistimos atónitos al revuelo creado en la Feria del Libro de Madrid con un simple libro de baloncesto (de baloncesto y de toda la vida que le rodea, me dijo un lector en el Retiro), en la NBA se fraguaba un duelo inolvidable en la final del 2013 entre el campeón Miami Heat y San Antonio Spurs. El equipo tejano regresaba a una final seis años después con la columna vertebral de glorias pasadas aún intacta. Fue aquella una gran final, y quizás también colaborara en remar a favor de la expansión o la ansiedad por este libro. Una cierre de postín para la temporada, en el que se reunieron, por ejemplo, cuatro jugadores que habían logrado ser ya MVP en una final.

Miami Heat, el vigente campeón, jugaba su tercera final consecutiva, y dio fe a la rentabilidad de experiencias tan recientes. San Antonio se puso tres veces por delante (0-1, 1-2 y 2-3) pero Miami arrastraba durante cinco meses la meritoria costumbre de no perder dos partidos seguidos. El clímax de la final tuvo lugar en el sexto encuentro, en el American Airlines Arena de Miami. Y aquí es donde esta obra se siente más realizada, por su espíritu contracultural. Porque el venerado entrenador Gregg Popovich encadenó quizás los más garrafales errores de su larga carrera.

Dos balones perdidos de LeBron habían dejado cinco puntos por delante a San Antonio, a falta de 28 segundos para el final. Durante el tiempo muerto comenzó el famoso acordonado de los límites de la pista, para evitar aglomeraciones en la supuesta entrega del título a los Spurs (después se supo que los Spurs habían reservado para esa noche en su restaurante favorito de Miami, Il Gabbiano, para celebrar el anillo). Pero hubo otra circunstancia quizás más decisiva y menos comentada: Spoelstra decidió entregarse al *small ball* y sentó a Bosh para abrir más el campo, con Mike Miller en su lugar. Popovich, atento, reaccionó con la sustitución de Duncan por Boris Diaw. Los quintetos quedaron así: Chalmers, Wade, Allen, Miller y LeBron contra Parker, Green, Ginobili, Leonard y Diaw. Prescindir de Duncan resultó nefasto para los Spurs porque Diaw entró perdido, descentrado, y ni defendió a LeBron en el tiro de tres puntos, ni pudo luchar por el consiguiente rebote defensivo, ni evitó el segundo intento que sí enchufó LeBron. Quedaban veinte segundos y Miami se había puesto a dos puntos. Duncan regresó para atacar y sacar desde línea lateral. Leonard recibió falta rápida, falló un tiro libre y antes de un nuevo ataque de Miami, en otro tiempo muerto, Popovich reincidió en el error, contribuyendo a que se repitiera el desenlace. Otra vez sacó de la pista a Duncan y metió a Diaw. Además San Antonio decidió defender y no hacer falta, estando 92-95 por delante en el marcador. Spoelstra se la volvió a liar a Popovich, porque esta vez él sí mantuvo en pista a Chris Bosh. Diaw defendió horrible una pantalla de Bosh y LeBron pudo lanzar de tres. Falló James pero Chris Bosh atrapó el rebote de ataque y asistió para ese triple esquinado e histórico de Ray Allen. En la prórroga, unos agotados Parker, Ginobili y Leonard le concedieron el partido y la opción de un séptimo encuentro a los Heat, que a la postre revalidó el título.

Yo, como Popovich, también cometí errores durante aquella final. Desatendí la protección aconsejable sobre una tarjeta de crédito que me vi obligado a utilizar con cargos excesivos en el hotel de San Antonio. Meses después supe de su clonación y de que sacaron cantidades importantes en un cajero de Illinois, supuestamente con esa tarjeta. El papeleo que siempre se le exige al afectado y los rigores de Visa me hicieron perder el dinero. Desde entonces no pongo más mi tarjeta en los hoteles que visito por trabajo y, para todo lo demás, Mastercard.

Renové mi contrato con Canal+ por tres años durante ese verano del 2013, un verano en el que hasta trece equipos de la NBA despidieron a su entrenador. En junio del 2014 Miami y San Antonio repitieron final, con el cambio del formato de la misma, del 2-3-2 al 2-2-1-1-1. Y resultó otra eliminatoria inolvidable, porque no se recuerda a ningún equipo en la historia de los *playoffs* o de las finales que haya ofrecido el nivel de juego ofensivo con el que nos deleitó San Antonio Spurs, venciendo por 4 a 1 a los Heat. El quinto anillo de los Spurs comenzó con esas paradojas que da el deporte: Igual que el famoso gol de Pelé no fue gol, pues el primer partido de aquella final se recuerda como «el del aire acondicionado», precisamente porque la ausencia del mismo marcó el primer triunfo de los Spurs ante un LeBron James acalambrado y deshidratado, con una temperatura sobre la pista de 35 grados. En los partidos tercero, cuarto y quinto de aquella final, San Antonio promedió 157 pases más por partido que su rival. El mismo Popovich, que ahora confiesa su repulsión hacia los tiros de tres puntos, dirigió a un equipo capaz de acreditar un 45% de acierto en triples durante toda una final, promediando 24 intentos por partido.

La estética y la perfección del juego de los Spurs dio al traste con la etapa de LeBron James en los Heat y tuvo su contrapunto en las experiencias paranormales que sufrimos algunos de los miembros de la expedición de Canal+ en el Hotel Emily Morgan de San Antonio, un hotel que ocupa el tercer lugar en la clasificación de hoteles embrujados de EE.UU. según el diario *Usa Today*. El operador de cámara Elías García y un servidor solicitamos el cambio de hotel en nuestra segunda visita a San Antonio durante la final.

La temporada 2014-15 fue una temporada de sorpresas, la mayor parte de ellas agradables. Apareció, casi de la nada, Golden State Warriors, un equipo capaz de arrasar con todo desde la fantasía y la sonrisa. De igual manera, saltó en cuestión de meses desde la burguesía urbana hasta el trono del Rey Sol un jugador de apariencia frágil y gesto de niño travieso, Stephen Curry. Un base diferente, sin precedentes en el olimpo de los mejores de la historia, con aspecto de persona normal pero capaz de acaparar *highlights* a través del bote y los triples. Y en los días del cierre de esta edición de bolsillo conocimos la sexta presencia en un Partido de las Estrellas de Pau Gasol, camino de los 36 años. El broche correspondiente a un relato que habla en español de baloncesto, de sueños y de desvelos. Les reitero a los lectores el orgullo por tanta generosidad y confianza que han depositado en esta obra. Hasta pronto.

ANTONI DAIMIEL
Febrero del 2016

PRÓLOGO

Colgué el teléfono para decirle a Antoni que sería un placer hacer el prólogo de su libro y sin tiempo para ordenar ninguna idea. Al primer pestañeo, volví a la habitación de mi infancia. Esa habitación que durante años fui empapelando con pósteres de la NBA y en la que dentro de un cajón, como si se tratase de un preciado tesoro, guardaba revistas y camisetas que yo iba coleccionando. Apoyada en una de las paredes presidía la estancia una estantería repleta de cintas VHS con los partidos de Canal+, partidos que solía poner a grabar muchas noches antes de acostarme y que tenían que esperar al fin de semana para el visionado.

Recuerdo que cuando el tan añorado como admirado Andrés Montes y Antoni Daimiel empezaron a hacerme soñar despierto vivía su trayectoria final uno de los pívots con el que más he disfrutado y aprendido: Hakeem Olajuwon. Toda esa época inolvidable de transiciones de figuras, con Michael Jordan en el segundo trienio de su reinado, la de los Lakers de Shaq y Kobe y el dominio del gran Tim Duncan. Noches de baloncesto apasionante en las que siempre esperaba el comentario de Antoni sobre la trastienda de la competición, el «*inside*» de una liga que un joven que se enamoraba de este deporte estaba ávido de conocer. Apenas podía imaginar en aquel momento todo lo que vendría después.

En febrero del 2002, en Philadelphia, mi hermano Pau disputó su primer All-Star como *rookie*. Allí conocí a Antoni y al inolvidable Andrés. Tuve la suerte de tener un pase de Canal+ España, con el que pude circular libremente por los vestuarios. Aquel fin de semana me llevaron al partido de baloncesto que se organizaba para la prensa acreditada y allí compartí un buen rato con las dos personas que me habían abierto la ventana al intrigante mundo que rodea la NBA. Recuerdo cómo Antoni se movía por los pasillos del pabellón como pez en el agua y el respeto que, por el contrario, provocaba en mí moverme por toda aquella instalación, repleta de estrellas y referencias de la NBA cuyas fotos permanecían colgadas en las paredes de mi habitación en Sant Boi de Llobregat. Años después he podido compartir vestuario con jugadores dueños de algunas de esas camisetas guardadas en aquel cajón de mi habitación, consciente de que entonces Antoni se lo estaría contando a otros niños que como yo sueñan despiertos delante de su televisor.

Abrochaos el cinturón y preparaos para entrar en el universo de los sueños que llevan tantos años causando el desvelo de la persona que me acercó a un mundo donde, menos dormir, todo es posible.

MARC GASOL

INTRODUCCIÓN

El comienzo

$\mathcal{M}$i primer contacto profesional importante con el mundo del baloncesto me llegó a través de la noticia de la compra de los derechos de televisión, por parte de Canal+, del torneo final de la primera división del baloncesto universitario norteamericano de la NCAA en las primeras semanas de 1993. Yo llevaba dos años y medio trabajando en Canal+ como reportero para programas de fútbol pioneros y referenciales como *El Día Después* y *El Tercer Tiempo*. También cubría necesidades de locuciones varias y habitualmente ejercía de redactor de noticias deportivas. Llegó febrero de 1993 y esa nueva adquisición de Canal+ se tenía que resolver en una época del año en la que los programas y coberturas habituales del fútbol no podían sufrir paréntesis ni menoscabo por reflejo de un producto considerado inferior y coyuntural. Por este motivo, Alfredo Relaño, director de deportes en aquel momento en Canal+, no contempló otras opciones preferenciales en la estructura de la redacción y me consideró aspirante a narrador de aquellas retransmisiones de baloncesto.

Relaño pensó además en Santiago Segurola, entonces redactor de deportes en el diario *El País*, como comentarista, debido a su bagaje y conocimiento de los deportes estadounidenses. Nos puso a prueba antes de los partidos de marzo con dos encuentros grabados para consumo propio; recuerdo que uno era de Louisiana State University, con Chris Jackson (posteriormente Mamhoud Abdul Rauf). Después de aquello, logramos el plácet junto con algún que otro matiz o recomendación del propio Relaño con el que limar el estilo que habíamos empezado a poner en práctica. Retransmití desde aquella primavera del 93 tres *final four* de la NCAA consecutivas en directo y unos cuantos partidos en diferido de esta competición universitaria.

Hay que aclarar a los más jóvenes que eran tiempos sin Internet y con fuentes de información y documentación limitadas. Segurola era un devoto seguidor del *Sports Illustrated* y del *USA Today* y me transmitió ese fervor. Por supuesto, los dos hicimos del anual del baloncesto universitario *Blue Ribbon* un recurso sagrado y adorado. Debo añadir, para mayor comprensión de la situación y para reforzar mi planteamiento inicial, que en aquellos tiempos Canal+ organizaba un desafío polideportivo entre el Real Madrid y el Barcelona que incluía un duelo baloncestístico entre estos dos grandes clubes. Nunca participé en la retransmisión de aquellos partidos en ninguna función. Compañeros como Carlos Martínez, Esteban Cuesta, Juan Carlos Nieto y Chus del Río estuvieron antes relacionados de alguna manera u otra con aquellas esporádicas retransmisiones de baloncesto. Recuerdo que el por entonces experto baloncestístico de la Cadena Ser, Miguel Ángel Paniagua, también comentó algún Barça-Madrid de aquellos desafíos.

Cumplí con aquella ilusionante costumbre anual y vernal junto a Segurola durante años. Era mi único vínculo profesional con el baloncesto. Hasta que, en noviembre de 1995, el baloncesto acudió a la llamada de Canal+, o mejor dicho, Canal+ acudió a la llamada del baloncesto. Según me contó Relaño, en aquellos tiempos la cadena encuestaba a los abonados sobre los productos televisivos que más echaban en falta dentro de la oferta que recibían. En el capítulo de los deportes, la opción más deseada era el baloncesto, muy por encima del resto. Y entre el baloncesto, la NBA. El caso es que Canal+ se lanzó a la compra de los derechos de la ACB como segunda opción tras TVE y logró hacerse con los derechos de la NBA, que llevaba ya algún tiempo de desencuentros con TVE debido a que el trato y la atención recibidos no respondían a lo atractivo del producto, según el criterio de los responsables estadounidenses.

Nico Abad le había hecho un reportaje a Andrés Montes para el programa *El Día Después*. Montes trabajaba por entonces en Radio Voz narrando partidos del Real Madrid y del Atlético de Madrid y sus retransmisiones se habían convertido en un objeto de culto para los oyentes. Ya llamaban la atención sus improvisaciones, motes y todo tipo de irreverencias a la ortodoxia de la profesión («el paseo marítimo de la Castellana», «algo se mueve al sur de la ciudad», «buenas tardes, me llamo Milinko Pantic», etc...). Después de su larga etapa en Antena 3, Andrés estaba viviendo en esa emisora una nueva relación con la radio, con sueldo modesto y poco protagonismo tras haber superado una grave enfermedad. El reportaje despertó la idea de Relaño, que consultó con Manolo Lama el fichaje de Montes. Sixto Miguel Serrano también fue contratado en aquel momento para narrar la ACB y dar su apoyo a la NBA. Una vez que Relaño ultimó el acuerdo con Andrés Montes y con Sixto Miguel Serrano, con ellos presentes en su despacho, nos hizo pasar a César Nanclares y a mí. Nos comunicó los nuevos fichajes, nos los presentó y nos instó a abrazar con ilusión esa nueva etapa en el baloncesto desde nuestro papel de gregarios. Cuesta olvidar la anécdota porque, unas semanas después y con motivo de los cambios que se avecinaban en el departamento de deportes, llegó otra conversación con otro superior de alto rango en el departamento. En tono trascendente, en una cafetería del Centro Comercial Moda Shopping, junto a Torre Picasso, me elaboró un discurso de inspiración (muy en el fondo) motivacional que dejó como titular una frase contundente:

—Nico Abad y tú sois y vais a ser muy importantes en esta empresa durante muchos años. Hombre, pantalla no vais a hacer mucha, porque una gente destaca más en una cosa y otros en otra. Pero en este departamento, la gente que no sale en la tele es tan importante como los que salen...

En aquel momento, Relaño había confiado la gestión de *El Día Después* al dúo Abad-Daimiel, pero el director no completaría la temporada en el departamento. Con los cambios en la sección y la llegada del baloncesto se desvió aquella trayectoria profesional. Tres o cuatro años después, Nico Abad saldría de deportes con destino a Disney Channel, para posteriormente regresar a *Lo + Plus* y a *La Hora Wiki*.

Las emisiones de la NBA en Canal+ comenzaron el viernes día 1 de diciembre de 1995 con la retransmisión de un Houston Rockets-Utah Jazz. En las primeras semanas se ofrecía un partido en Canal+ los viernes por la tarde, en diferido, editado para que durara dos horas exactas pero locutado en directo. Además se programaron tres partidos semanales, también en diferido, en el canal Sportmanía. Montes y Segurola se encargaron del partido de Canal+, mientras que a mí me fue adjudicada la labor de comentar los tres de Sportmanía, dos con Montes y uno con Sixto. El programa *NBA en Acción* se le asignó como locutor a Juanjo Vispe. Cuando Vispe ya no pudo o quiso hacerlo me lo dieron a mí. Yo lo estuve haciendo durante dos años y, en cuanto tuve que dejar su traducción y locución, se empezó a pagar aparte la traducción, como ocurría con otros programas similares.

Mis métodos habituales de información y preparación en aquel momento volvieron a ser medios de papel como *USA Today* o *Sports Illustrated* y el teletexto de la CNN. Además pude hacerme en las dos primeras temporadas de retransmisiones de NBA con unos libros pequeños y gruesos fantásticos, enviados desde Estados Unidos, en formato de anuarios, llamados algo así como «Manual completo de baloncesto profesional» y editados por Zander Hollander. La NBA también nos proporcionaba un método de documentación realmente curioso y que tantos años después parece de los tiempos de Graham Bell, el NBA Fax Back: a cada equipo de la NBA le correspondía un código numérico. Sabido este código, podías llamar a un número de teléfono de Estados Unidos al que, por orden de la voz grabada de operadora, transmitías un número de fax del que pudieras disponer y a continuación el código numérico asociado al equipo del que quisieras recibir la información prepartido. Un minuto después comenzabas a recibir en tu fax las ya vigentes *game notes* del equipo.

Como ya he dicho, las retransmisiones de la NBA en Canal+ comenzaron el 1 de diciembre de 1995 con la emisión, en viernes por la tarde, de un partido Houston Rockets-Utah Jazz, comentado por Andrés Montes y Santiago Segurola. Dos horas después de narrar, ya a su estilo, aquel Houston-Utah que puso en escena y color en las pantallas de Canal+ a Stockton, Malone, Olajuwon y Drexler, Montes recibió una llamada de teléfono de Relaño. Era una llamada de felicitación y de agrado por aquella primera retransmisión:

—Todo perfecto, magnífica retransmisión; ese es el camino, Andrés. La única pega es que me ha llamado el director general y me ha dicho que no le ha gustado nada, pero no te preocupes por eso.

CAPÍTULO 1

1995-98. La apoteosis de Jordan y los Bulls

Siempre que he tenido que escribir sobre Michael Jordan he intentado distinguir y sumar, alejarme de lo obvio. Resulta bastante complicado crear una idea original de un personaje que ha estado en boca de cientos de millones de personas durante tantos años. Hablar de Jordan significa tratar el caso del primer deportista global de la historia. Antes que él hubo otros grandiosos iconos en el intento, como Jesse Owen, Carl Lewis, Pelé, Borg o Muhammad Ali, pero ninguno encontró campo para irrumpir y expandir su legado como lo hizo Jordan en una época en la que las comunicaciones encontraron un atajo por el que colarse en la vida cotidiana de la mayor parte del planeta. De aquellos héroes hemos tenido referencias por legados *a posteriori*, casi literarios y siempre con un barniz legendario que difumina en cierta medida la verdadera imagen que proyectaron y el impacto que tuvieron en su momento de máximo apogeo. Con Jordan no. Es el primer héroe inmediato del que hemos tenido constancia casi al minuto, desde el primer segundo de su sonrisa. Por eso es tan difícil añadir ni siquiera una nota a pie de página a su extensa hagiografía. Para nuestros hijos y los hijos de nuestros hijos será innecesaria la tarea de un Homero que ponga por escrito una tradición oral cuyo resultado tendría muy poco que ver con lo que sucedió realmente. Con Jordan no ocurrirá como con Ulises o Aquiles. Tenemos fuentes de sobra para descubrir bajo una superficie cristalina una historia muy parecida a la original.

De todo ello empecé a ser consciente cuando en la redacción de deportes de Canal+ surgió la idea de elaborar un documental de una hora de duración con motivo de su segunda retirada, en 1998. Con el magnífico archivo documental con el que contaba la casa y la inmensa catarata de información con la que nos encontramos en un recién arrancado Internet fuimos capaces de elaborar una historia casi tan detallada como la que podía haber hecho su vecino de la mansión de al lado. La vida de una leyenda del deporte estaba a disposición del que quisiera zurcir su propio guión. Repasando ahora aquel documental de producción propia, una primera conclusión es que el Michael Jordan jugador ha quedado muy por encima del Jordan ejecutivo, ojeador y propietario. Incluso el Jordan orador, el que reflexiona delante de un micrófono, con el paso de los años ha quedado en ocasiones como un mentiroso, o al menos un veleta. Esta es una declaración de Jordan en 1992:

«Cuando deje el baloncesto lo dejaré en la cúspide. No quiero irme cuando mis pies estén lentos, cuando mis manos no sean rápidas o mi puntería ya no esté fina. No quiero que la gente me recuerde así. Quiero que me recuerden jugando como lo hago ahora. Me daré cuenta cuando me llegue el momento. Será cuando me levante una mañana y no quiera hacer nada de esto nunca más. Y cuando lo deje no volveré, mi orgullo me lo impedirá. Cuando me vaya, diré "adiós" y "gracias". Nadie me verá metido en este deporte, como hizo mi amigo Magic Johnson, ni comentando baloncesto en la televisión. No entrenaré ni querré comprar un equipo. Me iré del todo. Sé que me presionarán para que siga jugando pero esa será mi oportunidad para explicar a la gente por qué el baloncesto ha sido mi vida. No jugué por dinero ni por los aplausos. Si no me creen, esperen y vean. Disfruten, porque en un momento yo estaré ahí jugando y al minuto siguiente ya me habré ido.»

Por motivos como este me quiero remitir al Jordan jugador, con el uniforme de short largo y camiseta holgada de los Bulls. Cada vez que he rebuscado en su historia, he curioseado en los rincones de las estanterías que quedan más al resguardo del plumero, aquello más inaccesible pero que en la cuenta final resulta igual de valioso a la hora de encontrar la clave del arco. No deben quedar nunca detalles considerados insignificantes, especialmente con Jordan, con sus pequeñas causas, sus grandes efectos y viceversa. La historia de Michael Jordan está repleta de pequeñas piezas sin las que es imposible explicar el mural completo.

Fue en febrero de 1996, en el Fin de Semana de las Estrellas de San Antonio, donde tuve la oportunidad de sentirme cerca de Jordan por primera vez, de proporcionarlo, de deslumbrarme con el brillo de los focos sobre su cabeza afeitada y contarle las gotas de sudor. En vivo y en directo por primera vez. Qué lástima no haber vivido su carrera con televisiones de *Full HD*. Ese fue un error de cálculo de Jordan, sin duda, no hacer coincidir sus vuelos y su estética de juego con la imagen de la alta definición televisiva. Ese fue el jugador que debería haber servido para patentar el invento de los 1080 píxeles.

Aquél fue el primer viaje de enviados especiales de Canal+ a Estados Unidos para cubrir un evento de NBA. La dirección de deportes del canal no veía el suficiente reclamo en aquellas retransmisiones para justificar ese desplazamiento. Además, Santiago Segurola, el comentarista titular, confirmó con antelación su baja, condicionado por sus compromisos laborales con el diario *El País* y por su entonces cierta fobia a los viajes en avión. Melcior Soler, responsable de compras y gestión de derechos, recomendó el viaje de comentaristas a San Antonio porque la NBA, como nuevo socio comercial de Canal+, podía entender como un gesto de desprecio o falta de cariño al nuevo producto el hecho de que el canal que había adquirido los derechos de emisión en España dos meses antes no enviara a nadie a cubrir esa fiesta anual del baloncesto profesional norteamericano. Corrió el turno y decidieron emitirme los billetes de vuelo con Delta Airlines para acompañar a Andrés Montes y a la productora Ana Valverde rumbo a San Antonio.

Aunque llevábamos dos meses y medio trabajando juntos, Andrés y yo nunca habíamos hablado más de diez minutos seguidos fuera de micrófono y aquel viaje sirvió para que, con esa hipocondría fundamentada y tan bien llevada, Andrés me pusiera al día de todos sus problemas de salud con una de sus frases más repetidas:

—Yo tengo las tres enfermedades que son las principales causas principales de muerte en España: me ha dado un infarto, soy diabético y tuve cáncer en una glándula suprarrenal.

En el trayecto Madrid-Atlanta, Andrés le compró a Ana un osito de peluche de los artículos de venta a bordo. En las ventanillas de inmigración, ellos dos pasaron sin mayor problema, pero a mí me trasladaron a otra sala por mi torpe sinceridad al explicar que viajábamos para trabajar en la retransmisión del All Star de la NBA cuando estábamos en realidad tratando de entrar en Estados Unidos con el estatus de turista. Después de aleccionarme con la necesidad de expedir un visado pudimos, gracias al diálogo y a las credenciales de periodistas y de Canal+, resolver la situación. Pero a continuación tuvimos que ponernos a correr por el aeropuerto internacional Hartsfield-Jackson de Atlanta, uno de los más grandes y transitados del mundo. No sé si por la responsabilidad laboral que nos atenazaba o porque aún no había una estrecha relación personal entre nosotros cada uno corrió a la velocidad que su condición física y su equipaje de mano le permitieron, sin jefe de filas ni gregarios. Entramos al avión con los motores ya encendidos para el trayecto Atlanta-Houston y Ana sin el osito, que habría caído por la prisa en cualquier pasarela o rincón del aeropuerto. Aún nos quedaba el trayecto Houston-San Antonio. Llegamos de noche cerrada a la ciudad del sur de Texas y con la única posibilidad de cenar a través del *room-service* del Hotel Marriott Riverwalk.

Nunca he ingerido tal cantidad de comida en cuatro días como en aquel viaje a San Antonio. Andrés no se quedó atrás pese a que se medía el azúcar en sangre cinco o seis veces al día con un aparato electrónico de última generación. No era gula; era una ansiedad sin precedentes que nos atrapó y que por suerte pudimos en parte compensar quemando calorías con largos paseos por el Riverwalk, por La Villita y sus tiendas de artesanía y por los interminables pasillos del Alamodome, un producto megalomaníaco de la personalidad texana, una construcción mastodóntica donde se jugaba también al fútbol americano y que acogió aquel domingo a más de treinta y cinco mil espectadores para asistir al Partido de las Estrellas. Al comprobar Andrés que desde nuestro hotel, muy cercano a El Álamo, podíamos ir andando hasta el Alamodome, pasando por debajo de un *scalextric* de circunvalación, ideó y patentó aquella frase con la que luego definiría a San Antonio durante años: «Daimiel, desde la plaza Mayor se ve la M-30».

De aquellos días recuerdo lo que me impresionaron en la distancia corta el físico de Scottie Pippen (por fibroso, parecía un maniquí de laboratorio de medicina) y el tamaño y la coordinación de Shaquille O'Neal, incluso andando por los pasillos, vestido de calle. Los triples de Legler, los mates de Brent Barry sin quitarse la chaqueta del chándal y Sabonis. El lituano jugó el Partido de los Novatos junto a otros como Kevin Garnett o Rasheed Wallace. Solo jugaban *rookies*, repartidos en dos equipos, por conferencias. Me hice una foto con el pívot lituano según pasaba por el puesto de comentaristas, la aceptó con simpatía pero con prisas. El mismo día, por la mañana, le había pedido una foto a Isiah Thomas. Aceptó la petición con una mirada asesina que me atravesó. Justo en el momento del *click* en la cámara Thomas sacó al instante una sonrisa de felicidad plena. En un simple detalle nos había ratificado su fama de demonio vestido de ángel.

En ese primer viaje conocimos a otros muchos enviados especiales procedentes de diferentes países. Fue el primer contacto con muchos colegas a los que veíamos dos veces al año durante una década. Recuerdo con especial cariño al ya desaparecido Pepe Espinosa y a Enrique Garay, de la televisión Azteca de México. Y por supuesto a un clásico como Miguel Candeias, de *A Bola*. La NBA organizó un megaconcierto increíble de fin de fiesta, el domingo por la noche, en el Centro de Convenciones Henry B. González, con actuaciones entre otros de The Isley Brothers. Barra libre, barbacoa opípara y miles de personas invitadas a la fiesta. Entre copas, camareros y bandejas con pinchos nos encontramos con algunos representantes del baloncesto español. Muy amables nos saludaron el presidente de la ACB, Eduardo Portela, y su esposa, María Planas, seleccionadora nacional de baloncesto. En medio de la conversación, María le preguntó a Andrés Montes (y debían ser las 00.00 horas en San Antonio, 07.00 de la mañana del lunes en España) cómo habían quedado las chicas.

—¿Qué chicas? —contestó Andrés.

—Los partidos de la liga femenina —dijo la señora Planas.

—Y yo qué sé, María. Qué preguntas me haces, estoy aquí con una alita de pollo y escuchando a los Isley Brothers. María, qué cosas tienes…

Y

Vuelvo a Jordan. Aquel All Star no fue más que el celofán del ecuador de la primera temporada completa después de su regreso a mediados del curso baloncestístico 94-95 y la eliminación en *playoff* ante Orlando Magic (4-0). Con tres anillos en la mochila, Jordan se había marchado cansado, deprimido por el asesinato de su padre (del que había heredado el gesto de la lengua fuera en momentos de requerida habilidad) y motivado por probarse con la práctica del béisbol. Durante su ausencia, Clyde Drexler y Hakeem Olajuwon habían tenido tiempo para salir de esa cuadrilla de la generación huérfana de títulos que Jordan había provocado: Pat Ewing, Charles Barkley, John Stockton, Karl Malone, Gary Payton o Shawn Kemp.

Michael Jordan se reservó un verano pleno de dedicación por el escozor de aquella derrota frente a Orlando en los *playoffs* del 95. No olvidaba la portada de la revista *Sports Illustrated* de marzo del 94, que le invitó a dejar el béisbol ridiculizando su aventura. «Err Jordan» era el titular del reportaje interior. Ese detalle, en apariencia secundario, le rajó de arriba abajo y como consecuencia tuvo vetados a los periodistas de la revista durante bastante tiempo. Estos dos ejemplos fueron algunos de los argumentos utilizados por Jordan para trabajar a destajo en el verano del 95 y prepararse para la mejor temporada que haya hecho nunca un equipo de la NBA. Lo hizo sobre todo en Los Ángeles, donde estuvo obligado a quedarse para el rodaje de la película *Space Jam*. En su contrato pidió que la Warner Bros. le construyera una pista de entrenamiento con gimnasio en un parking de detrás de los estudios.

Me han preguntado en alguna ocasión si ante la contundente evidencia numérica de aquellos Bulls de la 95-96 habría que bautizar a aquel equipo como el mejor de la historia. No soy el más indicado para responder. Lo dicen las matemáticas y me conviene por currículum y hasta para el sentido de este libro. Mi primer año de retransmisiones, mi primera final cubierta en Estados Unidos y el mejor equipo que nunca haya existido. Un grupo en equilibrio, con hambre insaciable. Los Chicago Bulls se habían desprendido antes de esa temporada de Horace Grant, mientras que Will Purdue se fue a San Antonio a cambio de Dennis Rodman y Jack Haley. Este Haley, exjugador del IFA Español, solo jugó un partido en toda la temporada y resultó ser un personaje de toalla agitada, enigmático y sortílego por su amistad con Rodman.

Aquella aventura había comenzado en pretemporada con un incidente llamativo: Steve Kerr y Jordan acabaron a puñetazos durante un partidillo de entrenamiento sin árbitros en el Berto Center, justo en el momento en el que Phil Jackson había salido a atender a los periodistas. Kerr acabó con un ojo hinchado, pero esa misma tarde Jordan le llamó por teléfono para pedirle perdón. Los Bulls resolvieron la peor crisis de aquella temporada en cuarenta y ocho horas y fue por el simple hecho de perder dos partidos consecutivos (el 4 y el 6 de febrero ante Denver y Phoenix). Las presiones de Jordan, el papel de Pippen y los equilibrios del entrenador Phil Jackson en aquella temporada están reflejados en la obra de este, *Sacred Hoops* (*Canastas sagradas* en castellano). Jackson recoge en ese libro como factores determinantes de aquel equipo el balance entre el deporte y el espíritu, el altruismo, la aceptación del compañero, la atención y la capacidad por parte del jugador de exprimir mente y concentración durante el juego. Una obra imprescindible en la que aparece esa tan recordada cita que trata de descubrir el santo grial de aquel grupo inolvidable:

«Ahora esta es la ley de la jungla, tan vieja y verdadera como el cielo; y el lobo que la mantenga prosperará y el lobo que la rompa debe morir. Como la enredadera que ciñe el tronco del árbol, la ley funciona adelante y atrás, ya que la fuerza de la manada es el lobo y la fuerza del lobo es la manada.»

Los Bulls que yo conocí en persona en San Antonio llegaron a aquel parón de febrero del 96 con un balance de 42-5 y remataron la segunda parte de la liga regular con un 30-5 para firmar la mejor marca en la historia de la NBA: 72-10. En los *playoffs* en Canal+, Andrés Montes lo narró todo y yo alterné en los comentarios con Santiago Segurola y con Luis Gómez, excronista baloncestístico de *El País* y por entonces jefe de la sección de deportes en este diario. Yo fui el tercero con gusto y en concordia.

Los Sonics le ganaron, con el factor cancha a favor, el séptimo partido de la final de la Conferencia Oeste a Utah Jazz en un partido en el que Shawn Kemp se comió a Karl Malone, un encuentro que por cierto arbitró Dick Bavetta. Con antelación, los Bulls habían vengado lo vivido un año antes contra Orlando Magic con un despiadado 4-0. En aquella serie Dennis Rodman dio una auténtica exhibición de defensa y brega, un máster de cómo rebotear, cómo y cuándo hacer las faltas y cómo reducir a un rival como Shaquille O'Neal, que le superaba en quince centímetros de altura y más de cuarenta kilos de peso.

Jordan fue el MVP del All Star Game, de la temporada y de la final. Él y Scottie Pippen estuvieron en el mejor quinteto del curso, repitieron ambos junto a Dennis Rodman en el mejor cinco defensivo del año, Toni Kukoc fue el mejor sexto hombre de la liga… Y por supuesto ganaron el anillo ante los Seattle Supersonics, en lo que fue nuestra segunda cita con Jordan en pocos meses. Fue nuestra primera final de la NBA retransmitida desde Estados Unidos.

El grupo de viaje en esta ocasión estaba formado por Montes, el productor Fernando Robles y un servidor. Por entonces, y aún no logro adivinar por qué, muchos enviados especiales viajábamos con todo el dinero encima, en metálico, sin tarjeta de crédito. Un complejo con el tiempo adivinado como absurdo y muy español quería evitar gastos excesivos o inapropiados. Acudíamos al hotel que nos asignaba la NBA, y no pudimos evitar quedar boquiabiertos en cuanto el taxi nos dejó en la puerta del Swissotel, justo en la intersección del río Chicago y el lago Michigan. El tamaño y la iluminación del rascacielos eran increíbles. Pero en pocos segundos íbamos a transmitir el gesto de sorpresa. La primera escena fue inenarrable. Nos dirigimos hacia la extensa recepción, con cuatro empleados al otro lado de la barra de mármol y nosotros tres, yo con un jersey y en vaqueros, el productor con americana azul y despeinado y Montes con elegancia llamativa y sombrero. Uno de los empleados nos atendió con extrema educación y una sonrisa generosa para pedirnos referencias y pasaportes. Cuando pidieron las tarjetas de crédito el productor elevó un maletín sobre el mostrador y con estética cinematográfica lo descubrió lleno de billetes verdes. Los cuatro recepcionistas se miraron como ante una escena de ese mismo lugar pero setenta años antes. A partir de ahí la desconfianza hacia nosotros y nuestra apariencia delictiva fueron una constante hasta el final del viaje.

El dos a cero inicial de los Bulls en la final lo salpicamos de paseos por la Michigan Avenue, compras compulsivas, especialmente en Eddie Bauer y Abercrombie & Fitch, donde nos dejábamos la mitad del presupuesto para dietas. Seguimos la pista de Frank Sinatra yendo a comer a lugares como el Gibsons y, sobre todo, el Twin Anchors. En las cenas nos volcamos en el Spago y en el Houston's Restaurant. Disfrutamos de *blues* en directo en el Kingston Mines, muy cerca del campus de la Universidad de DePaul, y alguna visita a la discoteca Excalibur, en el Near North Side, donde Rodman era un cliente habitual. Todo ello sin perder el miedo a bajarnos del taxi en el United Center o a tener que buscar uno al finalizar los partidos, con el West Side entero hirviendo. Coincidimos con Toñín Llorente y Quique Villalobos en una y otra ciudad, y disfrutamos especialmente el ambiente bohemio del barrio de Capitol Hill, en Seattle.

Después del tres a cero inicial, los Sonics de George Karl levantaron la final con dos victorias en casa. Igual que los trazos de esa ciudad inolvidable también el ambiente del Key Arena respiraba inspiración europea con un ruido apasionado y verdadera veneración por Payton, '*Rainman*' Kemp y el capitán Nate McMillan. Con el 3-2 para los Bulls aterrizamos aquel sábado en Chicago y horas después nos enteramos del fallecimiento de Ella Fitzgerald, motivo por el que por la noche buscamos un local para escuchar *jazz*. Al día siguiente, los Bulls sentenciaron de vuelta a Chicago en el sexto encuentro y tomamos las precauciones necesarias para evitar los incidentes que pudieran afectar al *downtown* (centro de la ciudad) de Chicago. Caminamos del Swissotel al Houston's y dentro de un restaurante semivacío coincidimos con el entonces jugador de los Washington Bullets Juwan Howard y unos amigos. Los empleados del hotel nos recordaron los incidentes ocurridos en la ciudad tras el título del 92 con edificios enteros quemados e innumerables asaltos a comercios. Incluso Jordan había tenido que hablar por la televisión local para calmar a los aficionados.

El sentido de la vista se esmeró siempre conmigo y se ha

conservado con entereza, afilado, pero el ritmo de mi vida se fue ralentizando, vampirizando. El murciélago me ha dominado durante diecisiete años, viviendo de noche, acostumbrado a mascar las cosas sin tanta prisa como la mayoría de la gente que marcha y se acelera bajo el sol, sus ritmos y sus vitaminas. De madrugada conduces por avenidas y carreteras silenciosas que te crean una atmósfera perfecta para contemplar las cosas a la altura correcta y no a la de los ojos de los demás. Lees, interpretas y analizas a los que analizan con unas horas de diferencia. Cuando el metraje y la trama se van desarrollando frente a ti no eres muy consciente de la trascendencia y las aristas de los acontecimientos, pero luego le tomas el relieve y la perspectiva a la realidad con mayor gusto y estética. Por eso he huido de los análisis exprés. La digestión larga de la información instala en tu cabeza un anticiclón en tu capacidad analítica, y la noche como cómplice me ha procurado esas horas necesarias para ver las cosas sin esa urgencia. Con el *lifting* de memoria necesario para rememorar este relato he descongelado algunos asuntos desconocidos para los aficionados más jóvenes. Algunos de ellos sorprendentes, porque no se adivinaban como causas de las consecuencias vividas.

La temporada 96-97 es, con la actual perspectiva, una de las de mayor trascendencia en el devenir de esta historia contemporánea de la NBA. Y lo fue por supuesto para mi vida y mi carrera, porque fue la temporada en la que me hice con la titularidad del puesto de comentarista de la NBA en Canal+. Entre la final de la NBA y mi aventura de reportero en los Juegos Olímpicos de Atlanta me pasé medio verano del 96 en Estados Unidos y entre medias adquirí, con mi pareja de entonces, la casa donde todavía moro. Ella se encargó de todos los trámites y yo regresé en agosto a casa puesta. Mi primera reacción fue de disgusto cuando me comunicaron que sería reportero en Atlanta y no participaría por tanto en la narración o comentarios de la competición de baloncesto de los Juegos, que sin la participación de la selección española era de emisión exclusiva en Canal+. Tanto tiempo después aún me suena raro, habiendo sido comentarista un mes antes de la final de la NBA.

Poco antes habíamos cambiado de director de deportes en Canal+, Carlos Martínez había sustituido a Alfredo Relaño. La cobertura de los juegos fue considerada un éxito y se generó un clima de euforia en el departamento. En septiembre tuvo lugar una regularización general de categorías y seguridades laborales, beneficiosa para todos. La mayor parte de la redacción recibió algún ajuste positivo y a mí me subieron a redactor superior, con el incremento salarial correspondiente. A finales de octubre ya quedó claro que Segurola se veía obligado a una huida progresiva y definitiva de la esclavitud de la noche y las incompatibilidades laborales.

Voy abriendo las *matrioskas* de ese curso y aparecen detalles a los que no se ha prestado la atención o el valor merecido. Lo indispensable de ese año apunta al quinto anillo de los Bulls y a otra mayestática exhibición de Michael Jordan. El compendio de todo ello podría quedar explicado con el quinto partido de aquella final del 97 ante Utah Jazz, el *«flu game»* o *«fever game»*. Según lo escribo me lamento de no haber propuesto en su día un montaje musical de aquellos que tanto impulsó Montes en Canal+ con las imágenes del gesto convaleciente de Jordan, solo interrumpido por cada canasta hasta sumar 38 puntos, un punto por cada grado de temperatura que le afectaba. Todo ello con la versión que hizo La Lupe del *Fever* de Eddie Cooley. Aquel día en Salt Lake City nos despertamos tarde y desayunamos, como era costumbre con Andrés, pensando en qué restaurante comeríamos. Yo había estado recorriendo en los días previos el lago Salado, Park City y las montañas de Sundance con la productora Remedios García. También Andrés y José Manuel Fernández (*El Mundo Deportivo*) se habían apuntado a una excursión hasta Provo, donde visitamos el campus de la Brigham Young University.

Aquella tarde, cuando llegamos al Delta Center, el guión cambió de modo imprevisto. Nos informaron tres horas antes del partido de que la participación de Michael Jordan era dudosa por problemas gástricos y náuseas consecuencia de un virus o una intoxicación alimentaria. Antes de conocer la noticia, ya Andrés pronosticaba una victoria de los Jazz en aquel quinto encuentro, con la eliminatoria empatada a dos. Las primeras imágenes que recibimos de Jordan apoyaban la advertencia: había perdido la seguridad y el brillo y por allí comentaron que se había levantado de la cama quince minutos antes del salto inicial del partido. Fiebre y gesto frágil para un reto tan empinado. Pero Jordan siempre tuvo la habilidad de convertir en cine de guión oscarizado un día cualquiera. Aquel semidiós debilitado por agentes externos se sobrepuso a su propia debilidad, al contratiempo y a los dieciséis puntos de ventaja que llegó a tener Utah Jazz en el segundo cuarto y logró salir victorioso y protagonista de la epopeya. Un ser hechizado desde el momento en que los árbitros dieron el salto inicial hasta que el cronómetro se puso a cero. Un atmósfera de cuadro prerrafaelista con encantamientos y seres sobrenaturales hipnotizados por el ruido del bote del balón contra el parqué, por el sonido metálico de la pelota en su colisión con el aro o por el chirrido agudo de las zapatillas en su danzar por la pista. Acabada esa magia, el sortilegio se desvaneció y el protagonista volvió a humanizarse y tuvo que ser sostenido por sus compañeros para no desplomarse en el suelo.

Toda esa hornacina tan fantástica la hizo añicos una famosa marca de bebidas energéticas al apropiarse de todo el mérito que hizo posible que Jordan se mantuviera en pie durante esas dos horas en el Delta Center. Esa es la versión más mercantilista de los hechos. La mía baila entre el coraje de su afán competitivo, su egoísmo y cuentas pendientes, el rescate a las deficiencias de su propio equipo y del golpe de autoridad en casa ajena contra un Karl Malone que había sido elegido MVP esa temporada. Una ranchera gritada de «...pero sigo siendo el rey».

El 23 de los Bulls siempre fue mucho más exquisito a la hora de cuidar su imagen pública que a la hora de elegir sus trajes. Sus críticos, que nunca se extinguieron del todo, le acusan de no haber aprovechado su enorme impacto para tener un rol más activo en cuestiones sociales y políticas de Estados Unidos y de preocuparse sólo de mantener pulcra su reputación personal. Podríamos vender como prueba de ello lo ocurrido dos noches después en Chicago. Como respuesta a aquel exceso individual de Salt Lake City, Jordan mostró su lado menos ególatra solo cuarenta y ocho horas más tarde al conceder a Kerr el lanzamiento definitivo, apostando por un secundario, al que había puesto un ojo morado dos años antes, como héroe de ese último partido de la final.

De vuelta de aquella estancia recordé el magnífico trato que nos habían dispensado Emilio Butragueño y su esposa en Chicago. Cenamos, paseamos y hasta dimos un paseo en barco por el lago Michigan con ellos. También vimos allí al pívot del Barcelona Roberto Dueñas, a lo lejos, en la grada del United Center. Le hicimos una seña en la distancia, buscando complicidad y tratando de acercarnos a saludarle. Roberto se hizo el loco y, aunque parezca difícil, desapareció. Aquel verano, Dueñas fue elegido en el *draft* por los Chicago Bulls y llegué a la conclusión de que quizás en nuestras retransmisiones televisivas nos habíamos ganado la fama de gente que no sabe guardar un secreto.

En un par de brochazos así se pinta el cuadro de esa temporada aunque, como explicaba antes, hay dos o tres detalles que debo apuntar ahora y que servirán para explicar algunas de las cosas que sucederían años después. Mientras todos los ojos estaban puestos en los Bulls, un especialista en la guerra fría y asuntos soviéticos proclamaba su pequeña revolución bolchevique en San Antonio, despidiendo en diciembre del 96 a Bob Hill, días antes de que David Robinson reapareciese de una lesión. El mal balance del equipo dio la oportunidad a Gregg Popovich de autoproclamarse entrenador desde su despacho de *general manager*, el mismo desde el que un año antes había traspasado a su íntimo enemigo Dennis Rodman. Con aquel «quítate tú para ponerme yo», con Hill confiando en remontar deportivamente por el regreso de Robinson, se inició otra de las novelas más importantes de los últimos lustros en la NBA. Robinson se volvió a lesionar enseguida y los Spurs acabaron la temporada con un pésimo balance de 22 victorias y 60 derrotas. Esa fue la ficha que les permitió meses después el pasaje al Olimpo, la elección de Tim Duncan en el número uno del *draft*.

A excepción del primer anillo de Chicago, Los Angeles Lakers habían visto con los brazos cruzados el monopolio de Jordan y sus chicos, superados por Phoenix, Seattle, Portland, Houston y Utah. Demasiado para la familia Buss y de alguna manera nocivo para una liga que necesita que las franquicias históricas estén en la pelea, si no todos los años al menos muy a menudo. Jerry Buss dio el golpe de efecto con la incorporación de Shaquille O'Neal en el verano del 96 como agente libre y con el traspaso de Divac para reclutar a un jovencito desafiante que había sido elegido por Charlotte Hornets en el número trece del *draft*. Un imberbe de buena familia, criado en Italia y tan obsesionado en ser como Michael Jordan que imitaba sus gestos de una manera tan burda que hasta causó cierto sonrojo cuando apareció en la pista de entrenamiento. Kobe se unió a Shaq en Los Ángeles.

Una de las grandes conquistas de los Bulls fue cambiar los cimientos sobre los que se habían construido la mayoría de los grandes equipos campeones en la historia de la NBA. Casi todos partieron del mismo criterio: un cerebro líder en el puesto de base y un pívot referencial o dominante. Chicago Bulls se apoyó sobre todo en Jordan y le rodeó con conceptos poco comunes. Los Bulls campeones se construyeron sobre los cimientos del primer cara a cara, allí mismo, como entrenadores asistentes, de Phil Jackson y Tex Winter. Jackson era un fiel seguidor de un solo maestro, Red Holzman, que fuera su entrenador en los New York Knicks. Holzman era un técnico reduccionista. Defender siempre pendientes del balón y la búsqueda innegociable del hombre libre de marca en ataque eran sus primeros mandamientos. El tercero podría ser uno menos baloncestístico: vigilar y tratar los sentimientos de los jugadores y su motivación. Jackson había jugado para Bill Fitch en la universidad y, en su última temporada allí, Fitch había puesto en práctica los conceptos del triángulo ofensivo, un sistema baloncestístico escrito en sus primeros capítulos por el técnico Sam Barry en la Universidad de Southern California en los años cuarenta y desarrollado definitivamente por Tex Winter en Kansas State en los cincuenta. Jackson y Winter trabajaron juntos durante dos años hasta que a Jackson le llegó la oportunidad de ser el entrenador jefe de los Bulls. Tras un primer año de experiencia con la derrota en la final de Conferencia ante los Pistons, en 1990 Jackson implementó el triángulo ofensivo contra las llamadas «*Jordan Rules*» de los chicos malos de Detroit y así llegó el primer anillo.

La estructura de los Bulls de los seis títulos se fundamentó en Jordan y Pippen, pero siempre colaboraron cerca tiradores pequeños (B. J. Armstrong, Paxson, Kerr), ala-pívots con defensa y rebote (Grant, Rodman) y pívots inteligentes con buena mano (Cartwright, Longley). Kukoc fue un gran apoyo baloncestístico casi siempre en la segunda fase de los títulos y un punto de discordia con Jordan y Pippen en muchos casos. Harper, por supuesto, fue otro ingrediente de progreso en el equipo del 96 al 98. Ninguno de los equipos que le peleó el anillo en las seis finales presentó un hombre alto dominante, pero no creo que cualquiera de ellos hubiera cambiado demasiado la historia. Ewing y O'Neal en diferentes momentos también sucumbieron contra ellos en su propia conferencia. Otra de las claves fue la capacidad de Phil Jackson para moldear el equipo a la coyuntura en la que se movía la liga. Quizás esa haya sido una de sus mejores virtudes como entrenador, adaptar el juego de sus plantillas a lo que la NBA demandaba en aquel momento. El triángulo ofensivo no era más que una especie de plastilina y su mérito fue aplicarlo convenientemente a retos y enemigos coyunturales. Exportar su modelo Bulls tal cual a la etapa Lakers hubiera resultado problemático y de resultado frustrante. No podemos pasar por alto que Jackson, recién llegado a Los Angeles Lakers, fue capaz, en unos meses, de ganar 67 partidos en temporada regular y conseguir el primer anillo en doce años de la franquicia californiana.

La del segundo lustro de los años noventa fue una etapa bastante oscura en cuanto al juego. Los promedios de anotación eran insaciablemente bajos y los dirigentes de la liga comenzaron a sentir gran preocupación por que ese juego, dominante sobre todo en la Conferencia Este, se asociara al éxito y se transmitiera y contagiara a toda la liga. Porque el tirón de la liga entre los aficionados se resentía con ese baloncesto y esos marcadores. Michael Jordan era el oasis que salvaba el *show*, pero lo que se adivinaba en la página posterior a su retirada era todo menos halagüeño.

En ese baloncesto tan espinoso Utah Jazz se movió como pez en el agua. Era un equipo canchero, cosido en dos o tres puntadas muy bien tejidas, que estuvo a punto de ganar el título si Jordan y compañía no se hubieran cruzado en sus vidas. La presencia del 23 de los Bulls convertía por soberanía popular en villano a todo aquel que le discutía el éxito. La idea de que el mejor jugador de la historia estuviera formando parte del presente de nuestras vidas ponía a una gran mayoría de su lado. Los Utah Jazz de Stockton, Malone y Sloan representaban un baloncesto de oficio y responsabilidad. Competían desde el complejo de oveja negra, de mercado pequeño y representación de un estado y una ciudad infravalorados, etiquetados como América profunda. El antihéroe y enemigo de película de Hollywood, del glamour, del baloncesto de alta anotación del Pacífico, de Denver o de Phoenix. Los Jazz defendían de manera durísima sin ser ni mucho menos los más fuertes, los más altos, los más rápidos o los más atléticos. Hubo un momento en el que veíamos a Bilardo en Jerry Sloan. Era un equipo que no rehuía la suciedad, la protesta y que sacaba un partido inmenso del ambiente de su pabellón y del manejo del arbitraje.

Esa final de 1998 tuvo unos magníficos índices de audiencia en televisión aunque en los seis partidos ningún equipo pasó de los cien puntos, solo una vez llegaron a 90 y los Jazz solo anotaron 54 en el tercer encuentro, disputado en el United Center. Pero eran dos mundos muy diferentes luchando frente a frente y con el añadido de la revancha por lo ocurrido el año anterior. Para mí fue una final inolvidable, muy marcada en mi memoria por muchos motivos. Comenzamos el viaje en Salt Lake City. Paseamos mucho y tratamos de ser alternativos y diferentes en una ciudad pacata. Fuimos a locales *underground* a oír música en directo y tomarnos la última copa al sonido de la campana cuando el reloj marcaba la 01.00 de la madrugada. Cenamos en el Baci y en otro restaurante donde amenazamos con irnos si no cambiaban la bandera española preconstitucional que colgaba junto a otras de muchos países. Andrés Montes y yo también visitamos la Biblioteca de la Historia Familiar, un centro inmenso de archivo genealógico auspiciado por los mormones donde revisamos microfilms con la historia de nuestros apellidos. Aquel remanso de silencio y paz espiritual en el centro histórico de la ciudad, junto a Temple Square, cambió el recuerdo en nuestra memoria cuando meses después vimos en las noticias de televisión que un perturbado había entrado una mañana a la biblioteca disparando entre los asistentes. También recuerdo que la productora Remedios García gestionaba a través del teléfono desde la casta Salt Lake City los preparativos de su boda, prevista para el mes siguiente. Una boda que nunca llegó a celebrarse. Garantizo que ni Jordan ni nosotros tuvimos nada que ver.

En Chicago nos hospedamos en un hotel muy cercano a Grant Park y al Art Institute. En aquellos tiempos estaban comenzando las obras para el diseño de la zona de Millenium Park y lo de dormir a dos manzanas del museo con la mejor colección mundial del arte impresionista fue toda una señal. Una mañana, sobre las 09.00, llamaron a la puerta de mi habitación. Era Andrés, con una mano sobre la cabeza, preguntándome si tenía papel en el dispensador del baño. Le dije que sí con un gesto de respuesta obvia. Ya dentro de mi baño agarró el papel que sobresalía y estiró, pegando varios tirones. Cortó más de tres metros de papel higiénico. Fue entonces cuando me empezó a contar que se había cortado afeitándose la cabeza y retiró la mano de la herida. Insistió en que se la viera. Se había hecho un buen corte y la hemorragia no cedía. Regresó a su habitación sin darle demasiada importancia y quedamos quince minutos después para ir a desayunar a un Starbucks que conocíamos a dos minutos andando, en East Madison Street. Cuando escuché que salía de su habitación salí de la mía. Andrés llevaba dos bolsas de plástico llenas. Me di cuenta de que las había llenado con los restos de papel ensangrentado. Miró a un lado y a otro del pasillo enmoquetado. Aceleró el paso al salir del ascensor y entró apresurado en la puerta giratoria de salida a la calle. Cruzó enseguida a la acera de enfrente. Mi incomprensión de la situación tuvo respuesta.

—No voy a dejar las bolsas ni todo esto lleno de sangre en la habitación, Daimiel. Se van a pensar cualquier cosa, esto es Chicago.

En cuanto pasamos al lado de unos contenedores de basura, Andrés volvió a mirar a un lado y a otro de la calle y a gran ve-

1. «La delicia del seis», en castellano. Juego de palabras que hace referencia al famoso manual erótico *The joy of sex: a Gourmet Guide to Lovemaking*, escrito por Alex Comfort en 1972.

2. «El baile del reino», en castellano.

locidad subió la tapa e introdujo las bolsas. Reanudó el paso rápido y se sacudió las manos a la vuelta de la esquina.

El alma y la esencia de la NBA en aquellos días tenía dos iniciales: M. J. Por aquel entonces no se adivinaba quién sería capaz de tomar el relevo de un jugador de su repercusión después de una retirada que ya parecía cantada en caso de conseguir el sexto anillo, una vez confirmados los deseos reconstructores de los rectores de los Chicago Bulls. «Dios volvió a disfrazarse de jugador de baloncesto.» Esa fue la frase que me salió para responder a la química del aire que me rodeaba en aquel momento en el Delta Center, segundos después de conseguir esa canasta ante Bryon Russell a falta de 5,2 segundos para el final. Los realizadores del Plus insertaron esa frase en la cabecera introductoria de los partidos y, lo que son las cosas, algunos mitómanos nacidos y criados para la NBA con Canal+ le dieron más importancia que a la original pronunciada por Larry Bird. La frase pudo o puede seguir sonando pesada, pero jamás ha resultado exagerada. Lo que sucedió en el final del sexto partido lo tengo reservado como respuesta fija para esa pregunta que me han formulado cientos de veces sobre el momento más emocionante que he vivido con la NBA como periodista. Ese último minuto en el Delta Center resultaría inexplicable; se trataría de un guión exagerado si no fuera porque las imágenes siguen por ahí rodando, dando fe de lo ocurrido, con Juanma Iturriaga dando saltos en los estudios de la Torre Picasso, en Madrid.

Fue la representación práctica del don de un privilegiado como Jordan, su instinto, su adivinación, su engaño y su sexto sentido. Anotar una canasta previa, con prisas, robarle el balón por detrás a Karl Malone viniendo de la nada, como si el resto de los jugadores formaran parte de una imagen congelada. Eran los dos mejores jugadores de la liga en los dos últimos años compartiendo tablas de parqué durante unas décimas de segundo. Aquella convivencia tan breve puso una distancia inmensa entre uno y otro en ese momento y para sus respectivos testamentos. La supervivencia por encima del talento, un engendro darwiniano desde el punto de vista de la selección natural. Jordan soportó mejor esa situación de estrés y consiguió como siempre el objetivo de quedar por encima del resto de apóstoles. Aquel balón que se perdió sin ver ni conocer la causa marcó el descenso del puerto de Malone y del equipo de su vida, el momento en el que como un ciclista hay que sacar los papeles de periódico en la cima para abrigarse en el descenso. El titular de aquella edición de periódico arrugado seguro que dijo: «*The joy of six*»[1] (portada del día siguiente en el *Chicago Tribune* con la foto del abrazo entre Phil Jackson y Jordan) o «*Reign dance*»[2] (la del *Chicago Sun-Times* del mismo día).

La NBA cerraba una etapa y ponía el candado durante unos meses debido a un pernicioso cierre patronal. Un parón que necesitábamos para hacer la digestión de todo lo que habíamos vivido durante esos tres últimos años. Un parón que puso nervioso a Andrés, cuyos ingresos por entonces dependían exclusivamente de su contrato con Canal+ para retransmitir la NBA. Todos cambiamos de estación. Yo aproveché el parón para trabajar de nuevo como redactor de *El Día Después* y tuve la dicha de hacerle un reportaje a Mágico González en El Salvador. Doblamos y empaquetamos momentos extraordinarios y preparamos muda nueva para un viaje casi a lo desconocido, tanto en lo laboral como en lo personal. Canal+ compró la ACB en exclusiva, llegaron Vince Carter y Jason Williams a la NBA y yo dejé una relación sentimental de más de cuatro años de historia. Comenzaba otro viaje a lo desconocido.

CAPÍTULO 2

1998-99. *Lockout* y temporada del asterisco

*M*ichael Jordan fue durante esas tres últimas temporadas la sinécdoque de la liga. Una licencia retórica que permitió a la NBA tapar ciertos problemas evidentes gracias a la magnánima figura del astro de los Bulls. Sin embargo, se trataba de un comodín con fecha de caducidad y en ese momento el comisionado David Stern tuvo que hacer frente a problemas que hasta entonces habían permanecido debajo de la alfombra. Después de casi dos décadas de resultados económicos excelentes y de un impulso global de imagen y difusión sin precedentes, la competición había empezado a dar señales de hastío. Algunas franquicias mostraban en sus balances una caída en la asistencia a sus pabellones de entre un quince y un veinte por ciento, algo similar sucedía con los resultados de los beneficios en concepto de *merchandising* y, lo más grave de todo, las cuentas de un porcentaje significativo de equipos ya estaban en rojo.

Existía una inquietante desafección entre los aficionados, quizás aburridos de un baloncesto tan metalúrgico, especialmente en el Este, y asqueados por episodios oscuros, como agresiones (Latrell Sprewell a P. J. Carlesimo), o ramalazos indecentes, como arrestos por violencia doméstica o posesión ilegal de armas. Había sospechas contrastadas de la expansión del uso de la marihuana entre una parte importante de los jugadores. Referentes en el juego como Iverson, Rider, Camby o Webber protagonizaron episodios delictivos relacionados con esa adicción y *The New York Times* publicó en octubre de 1997 un exhaustivo informe que aseguraba que alrededor del 60-70% de los jugadores de la NBA consumían marihuana o alcohol con asiduidad. Todo esto coincidió con un incremento exponencial de los salarios de los jugadores. Durante la temporada

97-98, el 57% de los ingresos de la liga, alrededor de 1.700 millones de dólares, iban destinados a pagar los contratos de las estrellas. Fue por entonces cuando, por ejemplo, Minnesota Timberwolves se comprometió con su joven estrella Kevin Garnett (veintiún años) con un contrato de 126 millones de dólares por siete años.

Los propietarios se agarraron a una cláusula del convenio colectivo vigente en aquellos días para forzar una renegociación con el sindicato de jugadores. Los dueños solo contemplaban un fuerte ajuste favorable a sus intereses dentro de un nuevo marco económico. Algo que, por otra parte, resultaba chocante e intolerable para la Asociación de Jugadores después de que la NBA cerrase un acuerdo multianual por los derechos de televisivos de casi 2.700 millones de dólares, 22 millones anuales en la cuenta de cada una de las franquicias. El recurso limitador del tope salarial no había dado los resultados deseados en las franquicias debido a la multitud de excepciones que permitían regatearlo. A los profesionales, además, les parecía insultante que el porcentaje de jugadores que recibían el mínimo salarial fuera del 20%, mientras que sólo nueve acaparaban el 15% del total del dinero que iba destinado a pagar salarios: la NBA se estaba quedando sin clase media y los jugadores velaban sobre todo por los ingresos de sus compañeros de clase baja y media de la liga, especialmente por los veteranos. Así las cosas, la patronal y el sindicato de jugadores tenían mucho de lo que hablar, y a fe que lo hicieron. Las dos partes litigantes se habían reunido en nueve ocasiones antes de que el 30 de junio de 1998, después de media hora reunidos, se decretara un *lockout* (cierre patronal) que se prolongaría durante 204 días.

Negociaron durante meses mientras Canal+ y sus abonados sentían la amenaza de un agujero muy importante en la programación y Andrés Montes crecía progresivamente en nerviosismo por la incertidumbre. Su contrato había finalizado, ligado como estaba a los acuerdos correspondientes de la NBA con la empresa. En busca de pistas o soluciones, Andrés hablaba a diario por teléfono con Rafa Cervera, jefe de prensa de la oficina de la NBA en España. A mí me desviaron temporalmente al fútbol, regresando como reportero al programa *El*

Día Después. En esas Navidades de 1998, Andrés y yo comentamos varios partidos históricos que todavía hoy en día Canal+ Deportes sigue programando. Y en los primeros días de enero de 1999 recibimos la noticia de que patronal y sindicato de jugadores llegaron a un acuerdo para que se celebrase una temporada de cincuenta partidos en la NBA, y además Canal+ compraba los derechos de la Liga ACB como principal operador. Andrés, que siempre repetía aquello de «en periodismo puedes estar un día firmando autógrafos y un mes después vendiendo la revista *La Farola*», pasó de estar sin contrato a renovar el suyo por el concepto de la NBA y estampar otro compromiso para presentar el programa semanal en abierto sobre la ACB, *Generación+*. Se decidió entonces que Andrés y Juan Antonio San Epifanio (*Epi*) fueran los presentadores. Yo ejercí de editor/coordinador, digamos. Además propuse el apartado de entrevistas «El Confesionario», una sección a la que cortaron las alas desde la dirección cumplida su primera temporada de vida.

Vuelta al fin del *lockout*. El acuerdo llegó en enero, cuando David Stern cogió el toro por los cuernos ante el panorama de la suspensión completa de la temporada, un escenario de consecuencias funestas para la organización a muchos años vista. El comisionado aplicó el «divide y vencerás» en el sindicato de jugadores. A título personal envió una carta a todos los jugadores en la que explicaba la última propuesta de los propietarios. Además lanzó el órdago de cancelar todo el año si el 7 de enero no había acuerdo o, en todo caso, disputar una mini temporada con otros jugadores. El sindicato, tras este movimiento, siguió el mismo juego del comisionado y envió a sus representados una respuesta de diecinueve páginas. La táctica de Stern resultó todo un éxito, puesto que comenzaron a aparecer disidentes entre los jugadores; algunos que pedían una votación secreta sobre la oferta de los patronos alzaron la voz y el sindicato no tuvo más remedio que aceptar esa consulta. A veinticuatro horas de vencer el ultimátum, ambas partes estuvieron once horas reunidas hasta que se alcanzó el acuerdo definitivo. Al comisionado, la jugada le salió redonda y a mí me permitió volver a verme en el plató de la Torre Picasso con Andrés, siete meses después de nuestro último partido. En cualquier caso, en todo ese tiempo nos vimos mucho para comer y cenar, especialmente en la cafetería del Centro Comercial Moda Shopping, donde Carmen nos preparaba unas ensaladas a nuestra voluntad con lechuga, atún, cebolla y en ocasiones garbanzos.

Hubo que improvisar una temporada para salir del paso. Cincuenta partidos de liga regular y suspensión del Fin de Semana de las Estrellas. La demostración de que cualquier situación vital es manifiestamente empeorable fue que Michael Jordan anunció su segunda retirada definitiva el 13 de enero de 1999 y la NBA se dispuso a dar sus primeros pasos sobre la arena del desierto sin cantimplora. Más allá del perjuicio económico, las consecuencias deportivas fueron nefastas. Fue una temporada extraña, con un nivel de juego pobre. Hay datos objetivos que lo demuestran: con un parón tan prolongado y una pretemporada tan escasa (algunos equipos solo disputaron dos partidos de preparación), la mayoría de los jugadores comenzaron la liga regular de tres meses con su puesta a punto a años de luz de su estado óptimo. El resultado fue que el curso 98-99 fue el de menor anotación conjunta por partido (183,2 puntos) desde que la liga adoptó el reloj de posesión de 24 segundos, y aún la cosa fue a peor en los *playoffs* cuando esa media de puntos por encuentro bajó hasta los 175. Ese año, los equipos no alcanzaban las cien posesiones de promedio en 48 minutos (91,6) y sólo se anotaban 99,2 puntos en esos ataques. Desde ese punto de vista es imposible osar censurar la famosa sentencia de Phil Jackson que calificó a San Antonio Spurs como el campeón del asterisco (Gregg Popovich jamás le perdonó aquel calificativo). Hubo quien consideró esa liga regular de cincuenta partidos como un periodo de competición insuficiente para calibrar fuerzas, méritos y la selección natural de los mejores dieciséis equipos que debían estar en los *playoff*. Quizás esto resulta más discutible, porque, si acortásemos las cinco temporadas que van de 2006 a 2011 a ese medio centenar de encuentros, de los ochenta equipos que llegaron a los *playoffs* en una temporada normal, 73 hubieran mantenido su billete para las eliminatorias para el título (por lo tanto podemos reconocer una incidencia inferior al 9%).

La depresión en Chicago tuvo dimensiones siderales. Scottie Pippen, Dennis Rodman y Phil Jackson se dieron la mano y abandonaron el equipo al confirmarse el adiós de Jordan. La tensión con Jerry Krause y con el propietario Reinsdorf resultaba ya insostenible. Krause quería reconstruir y rebosar su ego como *general manager* por encima de los protagonistas. El resultado fue un equipo que rozó la caricatura, de mente y planificación vanidosa y soberbia, de intenciones veloces y descoordinadas con respecto a un presente sonrojante y condenado a una larga travesía. En esa temporada 98-99, Chicago Bulls acreditó una media de anotación de 81,9 puntos por partido y se apuntó en la lista de los récords negativos de la NBA al conseguir solo 49 puntos (18 tiros de campo anotados de 77 intentos) el 10 de abril de 1999 ante Miami Heat. «¿Hasta dónde pueden caer estos Bulls?» escribían los periódicos. La respuesta era evidente: a las profundidades de la historia de la liga. Recuerdo una frase de Ron Harper, uno de los supervivientes de los tres últimos anillos, después de ese partido: «No sé lo que Michael diría sobre esto». No ha habido en la historia del deporte un desplome tan acusado, una caída tan salvaje como la de Chicago, nueve meses después de la gloria.

El sistema regenerativo de la NBA siempre termina por dar resultados. El imperio coloniza cualquier territorio y busca materia prima para abastecer su negocio donde haga falta. Cuando las quintas del baloncesto universitario no bastaban para inyectar una buena dosis de calidad a la competición porque aparecían chavales de dieciocho años que pedían paso entre los mejores, se miró un escalón por debajo, en los institutos, algo que explotó en el segundo lustro de los años noventa (Garnett, Bryant, Jermaine O'Neal, McGrady...) y comenzó a ser más habitual en los años del cambio de siglo. Cuando esa vía también empezó a resultar insuficiente se abrieron las fronteras. Y por fin la NBA acabó de desprenderse de prejuicios y multiplicó su vista y sus redes por otras zonas del planeta, especialmente a partir de importaciones clave como las de Ilgauskas, Nowitzki y Stojaković. Más o menos brillante en su puesta en escena, la liga profesional estadounidense siempre cuenta con el gancho de la reputación y el dinero. Muy pocos han despreciado la tentación de jugar entre los mejores y a tan buen precio.

Aunque a simple vista la lagartija se había quedado sin

cola, el organismo comenzaba a generar un tejido distinto que estaba destinado a cambiar la máscara de la competición. La liga sonaba seria como una comparsa, pero comenzaba a formarse una chirigota que nos iba a sacar la carcajada a los que vivíamos pendientes de lo que sucedía en la competición, especialmente con la ansiedad pos-*lockout*. La primera sonrisa llegó de la mano de una franquicia insospechada y de un tipo que hasta entonces no había caído muy bien por estos lares por sus cruces previos con Fernando Martín y Drazen Petrović. Sacramento Kings había acabado la temporada con más victorias que derrotas por primera vez desde que la franquicia había llegado a California procedente de Kansas City en 1985. Los intentos de reconstrucción durante esa etapa habían quedado casi siempre cercenados por alguna tragedia: el accidente de tráfico de Bobby Hurley, el suicidio de Ricky Berry o los problemas de rodilla del número uno del *draft* de 1989, Pervis Ellison.

Con la llegada al equipo de Chris Webber, vía Washington Bullets, y la elección de Jason Williams en el *draft* se conformó una plantilla completada con jugadores de talento y de corte ofensivo, algunos, sin embargo, con una fama que perjudicaba su cartel. Llegaron Divac, Jon Barry, Vernon Maxwell, Oliver Miller y Scott Pollard para sumarse a Corliss Williamson, Abdul-Wahad, Funderburke y Pedja Stojaković. Que ese equipo hiciera buen baloncesto con esos jugadores tampoco era algo descabellado; lo insólito del caso fue que el tipo que ideó aquella maravilla tuviera fama, por lo menos entre la prensa y los aficionados españoles, de todo lo contrario, de banda sonora del *blues* del autobús de inspiración magureguiana o, tal como lo definía Andrés, de «amarrategui». Esa fama que arrastraba Rick Adelman aquí se debía a su presunto papel de ogro en la trayectoria por Estados Unidos de dos de nuestros grandes iconos de juventud: Fernando Martín y Drazen Petrović. ¡Cuántas diferencias personales entre ellos y cuántos lugares comunes en sus biografías! En la carta de presentación de Adelman siempre incluíamos las posdata de ser asistente de Mike Schuler el año en que Martin pasó casi inadvertido en Portland y entrenador jefe del mismo equipo en las temporadas en las que el diablo croata calentó banquillo demasiado tiempo. Sin embargo, era una fama mal construida. Adelman, como entrenador jefe de los Blazers, siempre tuvo a su equipo entre los cuatro equipos que más puntos anotaban de la liga. Su posterior etapa en Golden State Warriors fue mucho más problemática, porque no dispuso nunca ni de mando en los despachos ni de una plantilla adecuada. Contó con Sprewell, pero el número uno del *draft* Joe Smith enseguida se reveló insuficiente, mientras que Adelman y Tim Hardaway no congeniaron, así que el base acabó siendo traspasado a Miami junto a Gatling a cambio de Kevin Willis y Bimbo Coles.

El estandarte de esa revolución de imagen de la NBA tras el cierre patronal fue *Chocolate Blanco* Williams, un base que causó un impacto visual tremendo en febrero y marzo de 1999 a través de los *highlights* televisivos y el programa *NBA en Acción*. Jason Williams volvió a abrir las pesadas puertas de la ilusión y la imaginación dentro del mundo de la NBA. Se puso a jugar con el codo. Perfección, nunca exenta de espectacularidad, que sentó frente al televisor a altas horas de la madrugada a gente que en su vida había visto más de un par de partidos de baloncesto completos, pero que se quedaban con la boca abierta ante las jugadas de este prestidigitador. Conjugar la creatividad de Williams y de Andrés Montes en una retransmisión era un motivo más para el optimismo contra conspiraciones y profecías macabras del cambio de siglo. Aquel año, la NBA apenas había programado partidos de los Kings para ser televisados a todo el país, lo que nos obligó a refugiarnos en los resúmenes y en las imágenes que nos llegaban a cuentagotas de aquel virguero base de cabeza afeitada y coloreados tatuajes. Recuerdo un partido, con mucho frío en Madrid, entre Sacramento y San Antonio. Jason Williams robó un balón en defensa y acabó la jugada en el aro contrario con un mate en las narices de Mario Elie. El Arco Arena enloqueció. Su banquillo aplaudía puesto en pie y a Williams no se le ocurrió otra cosa que quitarle dos o tres palomitas a un aficionado que estaba en primera fila. El partido se paró por un tiempo muerto, entonces Andrés y yo empezamos a hablar sobre el fenómeno creado por Chocolate Blanco. En esos días se había publicado una entrevista con Djalminha, el jugador del Deportivo de La Coruña, en la que reconocía que se inspiraba en Williams para algunas de sus jugadas.

De la Conferencia Este llegó otro equipo de colores. Larry Bird, cinco años después de retirarse para alejarse del ruido del baloncesto y acercarse al del golf en Florida, se decidió a ser técnico jefe de Indiana Pacers con fecha de caducidad (tres años). Haber sido una leyenda dentro de la pista a veces supone más un problema que una ventaja a la hora de aventurarse a ser entrenador, pero estamos ante uno de los protagonistas más inteligentes que ha tenido este deporte en toda su historia. Excelente como jugador, se las arregló para completar también una carrera sobresaliente como entrenador. Posteriormente también destacó como ejecutivo. Fue MVP en la pista, en el banquillo y en el despacho.

En su etapa en los Pacers no bajó del ático de la final de Conferencia y disputó la final del año 2000 ante Los Angeles Lakers. En su primer año en el banquillo fue elegido mejor entrenador de la temporada. Enlazó los deseos de una pandilla de veteranos, resolvió sus problemas y supo convencerlos con la motivación de una última oportunidad. Un quinteto de veteranos como Mark Jackson, Reggie Miller, Chris Mullin, Rik Smits y Dale Davis puso contra las cuerdas en más de una ocasión a los Bulls de su último anillo, en el curso 97-98, y les forzaron un séptimo partido en la final de la Conferencia Este.

Gregg Popovich tenía muy reciente su formación de inteligencia militar cuando abrió la puerta del vestuario de los Spurs el día que se hizo cargo del equipo tras despedir a Bob Hill. Al estilo de Clint Eastwood en la película *El sargento de hierro*, en esa escena en la que entra por vez primera vez en la barraca de los aspirantes a marines. Al equipo de Hill le faltaba defensa y disciplina según los criterios del que ya era *general manager* y hombre de confianza del propietario. Sin embargo, los Spurs de Hill habían ganado 62 y 59 partidos en las dos temporadas anteriores, respectivamente. Con David Robinson lesionado en la espalda y un Dominique Wilkins titular a los treinta y seis años, los Spurs comenzaron la temporada con un récord de tres victorias y quince derrotas. Curiosamente, cuarenta y ocho horas antes de que reapareciera Robinson, Popovich despidió a Bob Hill y se puso él como entrenador jefe. Pareció un castigo divino cuando, tras disputar seis partidos, David Robinson se fracturó un pie. El equipo de Popovich sumó solo 17 victorias en 64 encuentros. La mala clasificación posibilitó la buena fortuna de los Spurs en el *draft* siguiente y la elección de Tim Duncan, el hombre que llegó para cambiar un equipo, una franquicia, para moldear a un entrenador y para minimizar los efectos de un mercado pequeño o de una megaestrella de la NBA sosa y con poco ángel para vender camisetas.

Popovich, como buen especialista en asuntos de la Unión Soviética, convirtió a los Spurs en un equipo del telón de acero: frío, sobrio, contundente y traicionero. Así empezó para acabar siendo una dinastía inolvidable, ganadora de cuatro títulos en el espacio de nueve años. Popovich puso el equipo sobre los hombros de Duncan (21 puntos y 12 rebotes por partido como debutante) y le dio galones de primera opción a pesar de la presencia de David Robinson. El Almirante supo aceptar desde el primer día ese rol de segunda opción como camino más corto para conseguir el anillo antes de su retirada. Desde la autoridad, Popovich montó un equipo correoso y esforzado, apoyado en personalidades rectas, como las de Avery Johnson y David Robinson, que siempre secundaron sus iniciativas. Amplió la rotación y dio responsabilidades determinantes a jugadores que hasta entonces no las habían conocido. Han sido muchos los que han pasado por su taller en San Antonio después de una carrera sin demasiado brillo y han salido de Texas con una prestación mucho mayor de lo que se esperaba en un principio. El jugador que llegaba a El Álamo parecía contraer una especie de deuda de sangre con la franquicia que le hacía implicarse y meterse hasta las rodillas en el fango del colectivo, ya fuera un tipo con una cierta reputación en la liga o un temporero con el clavo ardiente de un contrato de diez días. Popovich también ha revalorizado la permanencia y la continuidad en el equipo, poniendo en gran valor a los veteranos. En aquella temporada del primer año después del *lockout* aparecía en el equipo gente como Mario Elie, Steve Kerr o Jerome Kersey, que resultaron decisivos en el éxito final.

Su viaje por los *playoffs* de la Conferencia Oeste fue demoledor. Solo Minnesota Timberwolves le arrancó un triunfo en primera ronda y, posteriormente, los Spurs barrieron a los Lakers y a los Blazers antes de plantarse en la final ante los Knicks. En este punto hay que hacer un pequeño parón para resumir en unas pocas líneas el nuevo fiasco del equipo de Los Ángeles y el fracaso de la superplantilla de la que hacía gala Portland Trail Blazers en aquellos tiempos. El tercer año de Shaquille O'Neal y Kobe Bryant en California acabó como los dos anteriores, con eliminaciones estrepitosas y con Utah Jazz como su particular leviatán. Poca responsabilidad hay que descargar en Bryant, que daba sus primeros pasos en la liga pese a que nunca escondió su exagerado afán de reivindicar su ego y categoría. En aquella temporada, Del Harris, Bill Bertka y Kurt Rambis se sucedieron en un banquillo angelino desprotegido, con el rumbo perdido. Dennis Rodman jugó media liga regular antes de ser despedido y Eddie Jones fue traspasado a Charlotte a cambio de Glen Rice. Ninguno de los tratamientos evitó la eliminación ante San Antonio. Los Trail Blazers tenían quizá la plantilla más profunda, completa y pinturera de la liga (Isiah Rider, Rasheed Wallace, Brian Grant, Arvydas Sabonis, Stacey Augmon, Damon Stoudamire y Bonzi Wells), gente con talento, un punto a veces maldito, a veces macarra y con el desconcertante Mike Dunleavy en el banquillo. Los Blazers transitaron durante años en esa maleza del poder económico de su propietario, Paul Allen, y la falta de control y competitividad, madurez o cabeza suficiente para poder regresar a una final. Portland Trail Blazers eliminó en semifinales de Conferencia al último Utah Jazz de alta gama y después no tuvo opción ante los Spurs.

El de la temporada 1998-99 no fue un desenlace sorprendente en su campeón o en su vertiente Oeste. San Antonio había acabado la liga regular de cincuenta partidos con el mejor balance (37-13). Lo más llamativo fue lo que ocurrió en los *playoffs* de la Conferencia Este. El octavo equipo de la liga, New York Knicks, logró su clasificación matemática para las eliminatorias por el título en la última semana de la temporada regular. Fue una temporada controvertida para el equipo de Manhattan, la primera sin John Starks, la primera con Camby y con Sprewell, después de que hubiera intentado estrangular a Carlesimo en Oakland. El entrenador Jeff van Gundy desarrollaba el estilo y el baloncesto que gustaba en el Madison: defensa, garra, rebote y espíritu competitivo. Esta última virtud brilló por su ausencia en la temporada, con Ward, Larry

Johnson (como alero) y Kurt Thomas o Chris Dudley como titulares habituales mientras que Chris Childs, Sprewell y Marcus Camby se vestían de suplentes por obra y gracia de Van Gundy. A falta de ocho partidos para el final de la temporada el equipo estaba con un récord de 21-21, teniendo una de las plantillas más caras de la liga. Van Gundy estuvo a punto de ser destituido en varias ocasiones e incluso Dave Checketts, presidente de los Knicks, mantuvo alguna entrevista clandestina con Phil Jackson en el intento de hacerle regresar a la Gran Manzana. Montes y yo fuimos muy críticos en las retransmisiones con la gestión deportiva de Van Gundy, de estilo insípido y decisiones extravagantes. Creo recordar que, en diecisiete años de retransmisiones, la única vez que un superior de Canal+ puso alguna objeción a mis comentarios televisivos fue precisamente por nuestras críticas a Van Gundy. Imagino que algún periodista amigo le había hecho a su vez ese juicio, ya que este superior no seguía habitualmente por cuestión de horario las retransmisiones de la NBA.

Los Knicks se revolucionaron en los *playoffs* gracias a la rivalidad con Miami Heat, su contrincante en primera ronda. Los Knicks pasaron la eliminatoria gracias a la famosa canasta de Allan Houston a falta de 0,8 segundos para el final del quinto y definitivo partido. Aquel domingo hicimos una doble retransmisión en directo que quedó en nuestra memoria, con aquel encuentro y con el también quinto partido Utah-Sacramento, que se decidió en una prórroga. Van Gundy descubrió una nueva versión de Camby a partir del segundo encuentro de segunda ronda contra Atlanta y subió sus minutos en pista. Sprewell también tornó a titular y los Knicks se deshicieron de los Pacers en la final de Conferencia, una eliminatoria en la que Pat Ewing cayó lesionado en el segundo encuentro y en la que la jugada de cuatro puntos de Larry Johnson en el siguiente partido ejerció de punto de inflexión. Posteriormente, Johnson sufriría otra lesión de rodilla que redujo su rendimiento en la final contra los Spurs. Tim Duncan y David Robinson abrumaron al desmejorado juego interior de Nueva York y los solos de guitarra de Latrell Sprewell evitaron el 4-0. Avery Johnson metió la canasta más recordada de esta final.

A aquella final viajamos con el productor Enrique Rabasco. A Andrés le costaba aceptar la ruptura de la costumbre de nuestros viajes con Remedios García, que nos había acompañado siempre en los dos años anteriores. Andrés no tenía mucho trato con Enrique y enseguida le apodó: «Enrique y Los Problemas», en juego de palabras con la formación de Enrique Urquijo y pensando que podrían surgir inconvenientes en el viaje. No fue así; enseguida Andrés y Enrique conectaron, especialmente en el *shopping* compulsivo compartido por todos en el *Outlet* de San Marcos (Texas). En la primera noche en San Antonio cenamos en el restaurante Mi Tierra, un típico local *tex-mex* que abría veinticuatro horas al día. Quedamos allí con nuestro compañero en Canal+ César Nanclares, que había viajado por su cuenta para seguir la final. César se alquiló un coche en San Antonio y viajó desde allí a Nueva York haciendo una pequeña parada en Athens (Georgia), la localidad de origen de su grupo musical de cabecera, REM.

La mejor anécdota de un viaje que nos llevó a visitar restaurantes como Asia de Cuba, Orso y I Tri Merli tuvo lugar en el lujoso hotel donde nos hospedábamos en Manhattan. Quedamos a desayunar con César y nos sentamos los cuatro en una mesa para hacer una especie de *brunch* sobre las 11.30 de la mañana. Estábamos acostumbrados a que en los desayunos de los hoteles en los que nos alojábamos en Estados Unidos cuando pedíamos zumo de naranja el camarero te rellenara el vaso en cuanto bebías y lo dejabas a la mitad, sin coste adicional. La sed, el hambre, el calor, la larga conversación y la calidad del zumo hicieron que todos repitiéramos varias veces. El chasco fue mayúsculo al descubrir que en la cuenta de los desayunos se cargaron catorce zumos de naranjas a un alto precio.

CAPÍTULO 3

2000-02. Lakers: regresa la fiebre amarilla

*P*hil Jackson es un personaje axial en la historia de la NBA. El que más gana es el mejor, no hay otra manera más justa y cabal de evaluar. Jackson ha determinado dos décadas de la NBA, en sus entradas, en sus salidas, en sus decisiones, en sus declaraciones y en sus libros. De todas las personalidades a las que he tenido que acercarme en todos estos años es una de las más difíciles de analizar y a la vez una de las más cautivadoras e interesantes. Cuanto más lees sobre él más te alejas del objetivo de descubrir de qué está hecho el átomo que configura su forma de entender la vida y el baloncesto. Al primer vistazo se le podría considerar como un tipo extraño en cuanto a peculiar y especial. El mundo no puede dividirse entre personas normales y raras. Una gran mayoría de las personalidades más influyentes en la historia de la humanidad se desmarcaron de la normalidad en su entorno como condición indispensable para dejar huella y legado. Jackson es algo más que un entrenador. Es un personaje complejo, denso, difícil de adjetivar. De múltiples aristas, o poliédrico.

Todo ese aderezo mediático, esa guarnición extra a su acercamiento a la filosofía zen, la comunión con los indios nativos americanos o sus raíces cristianas sirven como una primera capa de pintura en el retrato de Jackson para una biografía apresurada, pero, que se sepa, cuando Buda encontró la iluminación en el árbol Bodhi no hay referencias de que teorizara sobre cómo convertirse en el entrenador con más títulos en la historia de la NBA. Así que algo más tiene que haber. Lo de quedarse en el tópico de que ha entrenado a los mejores jugadores y que lo difícil era no ganar es tan simplista como ventajista. Los que han entrenado saben que dirigir a los mejores casi siempre es complicado en el trabajo, en la presión y en el juicio a los resultados. No cabe duda de que ha sido un técnico que se ha acercado al baloncesto con la misma amplitud de miras de alguien que estudia su propia vida, que ha considerado un equipo como a un ser vivo y, sí, ha usado como combustible motivador algunas técnicas que hasta entonces nunca se habían relacionado con la alta dirección técnica deportiva. Su comportamiento y el guión aplicado han sido el resultado propio de una persona multidisciplinar, con muchas más horas de lectura e influencias de asuntos ajenos al deporte que al propio juego.

Con el budismo de fondo, llama poderosamente la atención que un entrenador que ha dirigido a dos de los egos más grandes en la historia del baloncesto, como Michael Jordan y Kobe Bryant, sea simpatizante de una doctrina que proclama la inexistencia del yo. A esto se le llama en lengua pali «*anatta*». O quizás esta sea la clave para fundamentar su habilidad en el manejo de grupos ganadores donde sobresalían estas personalidades. Para Buda, la idea del yo es una creencia falsa e imaginaria que carece de una realidad correspondiente, y es la causante de los dañinos pensamientos de «yo» y «mío» así como de los deseos egoístas, de la avidez del apego, del odio, de la mala voluntad, del engreimiento o del orgullo.

«Mi meta era demostrar que si una persona se desapega de su propio ego será recompensado por ello, porque el equipo encontrará el éxito. El desinterés personal es el alma del trabajo en equipo. Tenemos una regla práctica en nuestro juego: cuando se detiene el baloncesto y un jugador detiene nuestro movimiento ha destruido nuestro ritmo. Cuando el balón está en sus manos, se convierte en el punto focal. Y cuando se convierte en el foco, nuestro sistema se viene abajo.» Este es uno de los *sutras* de Phil Jackson que explican el citado concepto de «*anatta*» dentro de un equipo de baloncesto. El concepto del yo no es aceptado.

Después de ganar seis anillos con los Bulls y tras un año de pausa en la temporada del *lockout,* cuando la única atención que reclamó fue la del momento en el que dejó la famosa frase del asterisco, Phil Jackson aceptó la oferta de la familia Buss para hacerse cargo de unos Lakers que no ganaban el título desde 1988. Once años sin título para los Lakers era toda una vida en el averno. Cuando crees que eres el mejor te resulta más difícil demostrar que lo eres y los Lakers habían fichado a O'Neal y habían reclutado a Kobe Bryant no solo para parecerlo o para creerlo. Las tres temporadas anteriores a la llegada de Jackson los Lakers habían partido como grandes favoritos para conseguir el anillo. De plantilla andaban sobrados. Como ejemplo pongamos que Los Angeles Lakers presentó a cuatro jugadores en el All Star Game de 1998, en el Madison Square Garden: Van Exel, Eddie Jones, Kobe Bryant y Shaquille O'Neal. Sin embargo, los resultados de esos tres años fueron frustrantes, ya que cayeron eliminados en dos ocasiones por Utah y en una por San Antonio. En esas tres eliminatorias decisivas, el balance fue demoledor: doce derrotas y una victoria. Magic Johnson se echó las manos a la cara cuando acabó el cuarto encuentro al ser barridos por los Spurs en la semifinal de Conferencia de 1998. Durante cuatro temporadas, Del Harris ocupó el puesto del entrenador. En su primera temporada con los Lakers fue elegido mejor entrenador del año. Era un entrenador «de jugadores», equilibrado y que facilitaba el juego atractivo y espectacular de su equipo. Tenía cierta reputación en la NBA desde que metió en 1981 a los Rockets en la final, en una era dominada por los Lakers en el Oeste, pero su progresivo fracaso en la franquicia angelina, concentrado en la falta de oficio y preparación del equipo en *playoffs*, acabó con su crédito para siempre y no volvió a ocupar un puesto de entrenador jefe en la liga.

A comienzos de la temporada 1999-2000, los Lakers estrenaron el Staples Center, un pabellón de lujo y moqueta, una gran sala vip instalada en un todavía en aquel tiempo desolador *downtown* de Los Ángeles. La familia Buss se lanzó a los brazos de Phil Jackson y su pócima del triángulo ofensivo, y Jeannie, hija de Jerry, lo hizo literalmente. Jackson planificó la plantilla a su estilo: recuperó a Ron Harper desde los Bulls, aumentó la nómina de veteranos con John Salley y A.C. Green, confío en la alergia generalizada a la flor primaveral de Robert Horry e intentó mantener paz y equilibrio momentáneo el máximo tiempo posible entre las uvas de la ira de este equipo: Shaq y Kobe.

En febrero del año 2000 nos dispusimos a viajar hasta San Francisco con ocasión del All Star Weekend. Organizamos una expedición más numerosa de lo habitual porque teníamos que hacer grabaciones para el programa de los lunes sobre la ACB *Generación+*. Viajamos siete personas y pasamos tres días bajo un diluvio permanente entre San Francisco y Oakland. Yo pasaba, en el mismo día, de comentar los eventos de la noche en directo a sujetar el paraguas por encima del cámara en las grabaciones diurnas con Andrés. Recuerdo que visitamos el campus de la Universidad de California Berkeley, la principal universidad pública de Estados Unidos, y pusimos perdido de barro el *lobby* del famoso hotel Saint Gregory, el de la serie ochentera *Hotel*, el de James Brolin y Connie Selleca. También recuerdo que la grabación de Andrés con el Golden Gate de fondo fue accidentada. El temporal de viento y agua era insoportable, a Andrés se le voló el sombrero y se le mojó la pajarita. A mí se me viró el paraguas y en el afán de enderezarlo me corté ambas manos con las varillas metálicas.

«No sabía que eso se pudiera hacer.» Esa fue la frase que me salió sin pensar después de ver volar a Vince Carter sobre la pista en el concurso de mates. Andrés acabó agotado de repetir su característica onomatopeya del helicóptero en la cancha de los Golden State Warriors. Aquella hora de espectáculo nos dejó conmocionados, no esperábamos un concurso de esas características. El estándar de imaginación, potencia y creatividad que habían marcado gente como Julius Erving, Dominique Wilkins, Michael Jordan o Spud Webb quedó a la altura de lo mundano. La NBA optó por recuperar el concurso de mates después de suprimirlo del All Star de Nueva York de 1998 y de no disputarse el del año siguiente debido al cierre patronal. Y de qué manera regresó. La generación de jugadores más aptos para ser reclutados, de primer y segundo año, disfrutaban en aquel momento de grandes especialistas. Los primos Vince Carter y Tracy McGrady, junto a Steve Francis, hicieron cosas inimaginables hasta entonces en el arte del mate. La expectación era alta, especialmente por culpa de las apariciones previas de Vince Carter en los *highlights* de los primeros meses de competición. Recuerdo a casi todas las estrellas boquiabiertas en las primeras filas ante el recital del trío; a Tim Duncan, poco dado a los gestos ostentosos, dando palmadas entusiastas como si fuera un niño; a Isiah Thomas venerando rodillas al suelo a Carter después de pasarse el balón por debajo de las piernas y clavar el balón en el aro. Montes no paraba de decir «vaya nivel, vaya nivel» y cantar el estribillo de la canción *Get down on it* de Kool & The Gang . Me costaba encontrar adjetivos suficientes y Carter dio por acabada la función después de decir a la cámara «Esto se acabó», tras otra maravillosa composición pictórica dejando su estela sobre el parqué.

Ese concurso de mates fue la primera señal de que la NBA empezaba a cambiar el disco de la pletina, volvía el *funky* como banda sonora después de una psicodelia que había terminado por aburrir al personal. Comenzaba una segunda edad de oro de la liga, que volvía a estar marcada por ese juego chisposo y vertiginoso de los ochenta. Sin embargo, a diferencia de aquella primera movida, en esta la deriva cíclica de la NBA ofrecía una clara distinción entre el nivel y el juego de una conferencia y otra.

Hace unos años, mientras preparaba la final entre Lakers y Celtics de 2008, leí un estudio de un sociólogo en el que distinguía entre «personas Celtics» y «personas Lakers». Su teoría era que la forma de juego de ambos equipos respondía a las características sociológicas de los individuos de la costa del Pacífico o del Atlántico. Una cuestión casi genética o racial, antropológica. Siempre he percibido esa diferencia en el juego de los equipos del Este y el Oeste. El Este, más esforzado, duro, purista y académico; mientras que en el Oeste, la velocidad y la desinhibición en el juego han estado tradicionalmente más presentes. Es indiscutible que la época del destape comenzó en el Oeste. En esos años, el escalón de nivel entre una y otra conferencia se hizo bastante pronunciado, algo que hoy en día perdura aunque de manera menos marcada, quizá por el continuo trasiego de jugadores referenciales de un lado a otro del mapa. Si en la temporada de los 50 partidos solo Sacramento Kings fue capaz de anotar más de cien puntos por partido (100,5), en la 99-00 seis franquicias más se apuntaron al carro. La tendencia era ascendente, empujada también por cambios de reglas que limitaron el contacto manual en defensa *(handchecking)*. Por parte de la propia liga se propició que tornaran triunfantes estilos como los tradicionales de equipos como los Lakers del *showtime*, Phoenix o Denver.

En aquella temporada del 99-00, los Lakers acabaron la liga regular con el mejor balance (67-15) gracias a dos rachas de 19 y de 16 victorias consecutivas. Phil Jackson guardó en el cajón de los desmentidos varios puntales como la complejidad del manual del triángulo defensivo o la cuadrícula por la ausencia de un pívot dominante en sus seis anillos anteriores. Solo cinco equipos de la historia de la liga pudieron lograr más victorias en una temporada regular que esos Lakers del 2000. Y dos de esos cinco fueron equipos también de Jackson. Los *playoffs* no resultaron tan apacibles. En primera ronda, Lakers necesitó alargar la serie hasta el quinto partido (por entonces era al mejor de cinco) para eliminar a los Sacramento Kings de Adelman, sí, aquellos del tocadiscos, la tortilla de patata y las chicas de la Cruz Roja, como decía Montes.

El trago para los angelinos todavía fue más duro en la final de Conferencia ante los Blazers. Después de dominar la serie por 3-1, los Lakers perdieron los dos siguientes encuentros y hubo que disputar un séptimo en el Staples Center. A falta de diez minutos para acabar la eliminatoria el equipo de Phil Jackson perdía por 15 puntos (75-60). En toda la temporada no había sumados tres derrotas consecutivas. La defensa sobre Shaquille O'Neal, siempre en dos contra uno y a veces incluso con tres, había funcionado. Rasheed Wallace acribilló el aro de los amarillos y nada hacía sospechar que pudiera llegar un vuelco. De hecho, días después supimos de mucha gente que nos estaba viendo en directo por televisión y que se fue a dormir al final del tercer período. Hubo un momento del último cuarto en el que los Blazers se bloquearon y fallaron en su intento de anotar en trece ataques consecutivos. Una de las pájaras más grandes de la historia de la liga. Nunca en el último cuarto de un séptimo partido en la historia de los *playoffs* se habían remontado trece puntos en contra para acabar ganando el partido. Ni siquiera Scottie Pippen, curtido en situaciones así, pudo sacar del agujero a los de Oregón.

Si al principio del capítulo definía a Phil Jackson como un personaje nuclear en estos años, a este encuentro inolvidable también se le podría poner ese calificativo. Su desenlace resultó crucial para la historia inmediata de la liga, esa remontada hizo posible una dinastía de tres años y el comienzo del imperio O'Neal. Por mucho que le pueda pesar a Kobe Bryant fue el pívot el jugador más determinante de la liga, el que marcó las diferencias durante las siguientes tres temporadas. En la primera ya acumuló el MVP de la liga regular, el del All Star Game (compartido con Duncan) y el de la final. Sus promedios en los *playoffs* llegaron hasta los 30 puntos y los 15 rebotes por partido. Comenzaba un período regido por el artículo 34 «hago lo que quiero, cuando quiero, como quiero y porque me da la gana». No le hicieron falta a Andrés demasiadas palabras para describir la fiebre amarilla de los primeros años del siglo XXI.

Igual que nuestros profesores nos compartimentaban la Prehistoria en el Paleolítico y el Neolítico, los supervivientes de aquella NBA que no tuvimos la suerte de vivir también nos dividieron todo esa etapa en la era de los grandes pívots: Mikan, Russell, Chamberlain o Jabbar. Por edad y la tardía llegada de la NBA televisiva a España nos pilló la etapa ya menos vistosa de Kareem y la aparición de Hakeem Olajuwon en los Rockets. Salvando estos dos casos no habíamos tenido la oportunidad de contemplar a un gigante con el mundo del baloncesto a sus pies. Durante los tres primeros anillos de los Lakers tuve el privilegio de asistir en directo al dominio, al abuso escolar del más grande de tamaño sobre el resto. O'Neal se convirtió en el amo y señor de la competición. Salvando los puntuales casos del *hack-a-Shack*, que por cierto nunca obtuvo réditos a largo plazo, nadie encontró un antídoto para detener a semejante fuente de energía durante aquel triplete. Hubiera hecho falta un clon para encontrar un muro que pudiera contener sus acometidas, porque no era solo cuestión de fuerza; jamás se había visto a semejante tamaño de cuerpo moverse con la gracilidad con la que se movía por la pista. Esos *coast-to-coast* que acababan con un mate después de un reverso me parecen de las jugadas más desafiantes a la física que se han podido presenciar en una cancha de baloncesto. Aunque a su lado había un jugador desequilibrante y comprometido con la gloria como Kobe Bryant, su momento principal estaba aún por llegar por mucho que nunca perdiera la intención de colarse en la fila y entrar el primero en clase. Phil Jackson trató de poner orden entre estas dos líneas, a veces ansiosas por converger. La suerte para los Lakers es que esas paralelas se movieron en los momentos determinantes en la misma dirección, pese a que cada uno quisiera autoproclamarse patrón del yate. La celebración de O'Neal no debe servir para empequeñecer a Kobe, que, por ejemplo, en aquel séptimo partido de la final de Conferencia contra los Blazers (con veintidós años de edad) acreditó 27 puntos, 11 rebotes y 7 asistencias.

De las finales del triplete, la más complicada fue la del 2000 contra Indiana Pacers. Los Lakers perdieron en el coqueto Conseco Fieldhouse de Indianápolis el tercer y el quinto partido. El cuarto, que necesitó de una prórroga, fue un partido tremendo. El ambiente que el público creaba en el pabellón era capaz de atronar e influir con sutileza. «En 49 estados es solo baloncesto… Pero esto es Indiana», rezaba a menudo en el videomarcador, entre arengas de Gene Hackman en su papel del entrenador Norman Dale en la película *Hoosiers: más que ídolos*. En aquella final coincidí en un ascensor del hotel de Los Ángeles con José Luis Rodríguez *el Puma*, compartimos grandes momentos con el jugador internacional español de balonmano Xavi O'Callaghan y asistí a una discusión inolvidable de madrugada entre José Manuel Fernández (*El Mundo Deportivo*) y Remedios García sobre monarquía y república.

En las dos siguientes finales, el título de los Lakers estuvo más barato. 4-1 contra los Philadelphia 76ers y 4-0 contra los Nets. La escabechina creada por O'Neal fue de escándalo. Durante esos años, las diferencias de nivel entre conferencias ponían en cuestión el sistema de competición, porque por lo menos tres o cuatro equipos del Oeste tenían mayor nivel que el campeón de turno del Este. Ante esta evidencia, el gran problema para los futuros campeones se encontraba en el mismo estado de California, en su capital: Sacramento Kings. Se cruzaron siempre en esas tres temporadas y siempre con el mismo resultado. Los Lakers vencieron en primera ronda de 2000 en cinco partidos, barrieron 4-0 al año siguiente en semifinales de Conferencia y en 2002 vencieron en el séptimo encuentro en el Arco Arena. Aquella serie fue una de las mejores de los últimos tiempos y quizá de la historia de la NBA. No resulta fácil encontrar una eliminatoria en la que los niveles de excitación, emoción, juego, polémica, declaraciones y resolución de partidos alcancen los de aquellos siete encuentros. Ninguno se resolvió por una diferencia mayor de siete puntos, dos se dilucidaron con un tiro final y el último llegó a la prórroga.

A diferencia de las dos primeras, en la cita del 2002, los Kings contaban con la ventaja de campo al haber finalizado con el mejor balance de la temporada regular (61-21). La franquicia tomó una decisión controvertida pero impulsada por el entrenador Rick Adelman, la de traspasar a Jason Williams a los Grizzlies a cambio de Mike Bibby. La idea era encontrar un base de menos tiempo de bote de balón y mayor fiabilidad en el tiro exterior. El cerebro de *playmaker* se situaba en las cabezas de los dos pívots titulares, Chris Webber y Vlade Divac. Adelman también buscó un jugador nuevo que se adaptara al clima dominante para evitar, de esa manera, el pulso que en términos de liderato siempre estaba dispuesto a plantear Jason Williams.

La serie venía ya con fiebre por los choques previos de estos dos colosos, pero todas las expectativas se quedaron cortas cuando los árbitros dieron el salto inicial en el primer encuentro. Hubo sospechas en los Lakers por una amenaza de intoxicación a Kobe en un hotel de Sacramento, por culpa de una hamburguesa con queso que le dejó para el arrastre y conectado al suero horas antes del partido. El cuarto encuentro en Los Ángeles fue el no va más. Sacramento alcanzó 24 puntos de ventaja en el segundo cuarto, con 2-1 a su favor en la serie. El triunfo le habría dado un billete virtual a la final ante un rival muy tocado en lo anímico. Pero en ese momento apareció uno de aquellos gatillazos que rompieron las ilusiones de los Kings en esos años. Un triple de, cómo no, Robert Horry en el último segundo derribó moralmente a los de Adelman. Vlade Divac declaró que fue suerte pura y dura lo que impulsó a Horry en aquella acción, a lo que el protagonista respondió: «Ha sido algo que yo suelo hacer, creo que él debería leer más periódicos». Hubo una segunda oportunidad para los Kings cuando la serie se puso 3-2 a favor, pero tampoco supieron manejar la situación. En el sexto partido hubo un arbitraje cuestionable que favoreció a los Lakers e incluso años más tarde hubo acusaciones que apuntaban a la propia liga como interesada en prolongar un duelo como aquel en busca de grandes audiencias televisivas. Sin embargo, el séptimo partido fue la evidencia de que a Sacramento Kings le faltaba un poco más de fritura para el paso definitivo hacia el título. Las estadísticas de esa noche delatan a un equipo que falló la mitad de sus tiros libres y que tuvo un diez por ciento de acierto en el tiro de tres puntos. Jamás los Kings, en su etapa más gloriosa, pudieron ganar un partido definitivo en *playoff*, casi el único pecado de un equipo maravilloso que devolvió a la NBA el honor de presumir del juego más cautivador del planeta, a años luz del resto. Mucha gente se volvió a reenganchar a la liga gracias a ese *tiki taka* en el cinco contra cinco de Webber, Divac, Stojaković, Christie y compañía.

CAPÍTULO 4

por o en aquella quinta de los juniors de oro. Luchín por encima

2001-02. El fenómeno Gasol

Si no me falla la memoria, la primera imagen que llegó de Pau Gasol a Canal+ fue la de la final de la ACB de la temporada 98-99 entre el Barcelona y el Caja San Fernando. La cadena se había hecho con los derechos de la competición para las cuatro temporadas siguientes y como aperitivo se rodó un documental sobre esa serie centrado en las figuras de Sasha Djordjević y Andre Turner. En una de las grabaciones, de refilón, las cámaras pillaron a un canterano delgado y espigado haciendo de maletero para los jugadores veteranos al llegar el autobús del Barcelona al Palacio de los Deportes de Sevilla. Apareció después también, timorato y cohibido, en una imagen durante la celebración azulgrana después de conseguir el título en el tercer partido mientras las vacas sagradas de la plantilla se dejaban llevar por la euforia dentro del vestuario. Con sinceridad, hasta entonces había oído hablar muy poco de él. Por aquellas fechas sí sonaba el nombre de Juan Carlos Navarro, que había debutado en el primer equipo casi año y medio antes.

El baloncesto español llegó a Canal+ justo en el momento en el que empezaba a salir de las catacumbas en las que se coló después de los Juegos Olímpicos de Seúl de 1988. A partir de aquella fecha solo fue reconocido por esos aumentativos retratos del sonrojo: el «angolazo» o el «chinazo». Sin embargo, en el verano del 99 («Daimiel, ¿qué pasó en el verano del 99?») empezó a salir el sol en el baloncesto español. Se logró la plata en el Eurobasket de Francia y en categoría júnior se ganó el Campeonato del Mundo en Lisboa tras derrotar en la final a Estados Unidos. Pau Gasol no era de los más destacados tampoco en aquella quinta de los júniors de oro. Lucían por encima de él Juan Carlos Navarro, Raúl López y Germán Gabriel, sobre todo. El chico espigado de Sant Boi seguía agazapado.

El primero que nos puso sobre la pista fue Epi. Se incorporó al equipo de retransmisiones del Plus y empezó a advertirnos: «Ojo, que en el Barcelona están convencidos de que el bueno va a ser Pau Gasol. Mide 2,16, tiene una envergadura de 2,30 y en algunos entrenamientos con el equipo júnior ha probado hasta de base». Estas dos ideas se le quedaron clavadas a Montes. «2,16, envergadura de 2,30 y hasta ha entrenado como base, ¿no, Epi?» Esa frase puede que la repitiera un promedio de dos veces por almuerzo o cena en los que coincidíamos todo el grupo de baloncesto de la redacción. Las comidas en el restaurante con terraza del Moda Shopping y las cenas en De María, sobre todo los lunes. Los catorce años que conviví con Montes se los pasó pidiendo Coca-Cola Light con un vaso con mucho hielo aparte. Como con el ritual de las comidas, para su labor periodística Andrés no necesitaba manejar muchos registros. Seleccionaba, escogía y explotaba los mejores hasta convertirlos en eslóganes. Y a partir de dos o tres ideas era capaz de crear un universo en torno al personaje en cuestión como le ocurrió con la frase de Epi y el mote que le puso a Pau Gasol. No hay más historia en el apodo de «ET», puede que saliera de una esas comidas después de que nos volviera a recordar que Pau Gasol medía 2,16, que tenía una envergadura de 2,30 y que había entrenado de base en las categorías inferiores. Un genio del registro y de la morcilla, como él mismo se definía.

A nuestro equipo de ENG (reporteros enviados a las canchas) le dábamos la indicación de estar siempre atento a los júniors que ya habían dado el salto a la ACB. Esa fue otra sugerencia de Andrés desde septiembre del 99. Olfateaba el oro durante toda la vida activa de aquella generación. Aquellos jóvenes jugadores representaban la gran esperanza para que el baloncesto de nuestro país volviera a expandirse. Tenían su hueco en el programa de *Generación+* y siempre que había ocasión se les ponía un micrófono cerca para conocerlos un poco más. Costaba arrancarles alguna frase en esa primera aparición ante el gran público y Gasol tampoco llamaba la atención al principio por su locuacidad. Esa primera temporada,

Aíto García Reneses lo mantuvo en la incubadora y sus apariciones fueron escasas. Aunque la opinión generalizada es que la Copa del Rey de Málaga supuso su aparición estelar, la edición del año anterior en Vitoria ya dejó pistas sobre ese aviso que nos dio Epi. Barcelona y Real Madrid se enfrentaron en cuartos de final, los blancos consiguieron una ventaja de veinte puntos y Aíto ordenó una de esas presiones defensivas a toda pista con un quinteto muy alto, con Elson y Pau en los postes. La intimidación de ambos acobardó al Madrid, que se dejó remontar toda esa renta.

Fue entonces, en la primavera del año 2000, cuando los ojeadores de la NBA tomaron serias notas sobre un jugador carne de *draft* y un físico que había que macerar y fortalecer para proteger su territorio ante los mastodontes que habitaban aquellos territorios. Lo del año siguiente sirvió para confirmar expectativas y situarle como un seguro *top* 10 del sorteo del *draft* de junio del 2001. En aquel momento, los movimientos y declaraciones denotaban que el jugador estaba decidido, que no iba a esperar más. En Estados Unidos estaba efervescente la fiebre europea y en el Barcelona había un jugador que llevaba ya el logo de Jerry West etiquetado en la frente.

A medida que íbamos conociendo las opiniones de los espías estadounidenses que viajaban constantemente a España durante la temporada 2000-01 para verle jugar, la idea de retransmitir un partido de la NBA con uno de los nuestros involucrado nos parecía cada vez más cercana. Su entorno tuvo que hilar muy fino para acudir al *draft* con la relativa certeza de que Pau saldría elegido en uno de los primeros puestos. Aquel adelanto no era baladí, ya que había que desembolsar quinientos millones de pesetas (tres millones de euros) al Barcelona para rescindir el año de contrato que aún le restaba a Gasol con el club azulgrana.

Primero dominó en febrero la Copa del Rey de Málaga. Allí le grabé una entrevista para mi sección de «El Confesionario», del programa *Generación+*. Un compañero que le había grabado en su casa viendo por televisión (debido a una apendicitis) el All Star de la ACB celebrado unas semanas antes me contó una confidencia. Gasol, sentado en su sofá, había destacado la apreciable belleza a través de la televisión de la viuda de Antonio Díaz Miguel durante el homenaje que se le hizo al que fuera tantos años seleccionador nacional. Por eso, una de las últimas preguntas que le hice a Pau en la entrevista de «El Confesionario» fue que si era verdad que le gustaban las mujeres más mayores. No recuerdo ahora su respuesta concreta pero salió indemne con habilidad. Cuando dejamos de grabar me confesó que lo había pasado mal porque en ese momento estaba saliendo con una chica de unos años menos (y Pau tenía veinte).

El 21 de junio de ese año 2001, Pau Gasol fue el MVP y amplio dominador de la final de la ACB en la que el Real Madrid no dio con una mínima manera de frenarlo sobre la pista. Habían pasado solo dos años desde que cargara con el equipaje de sus compañeros en Sevilla y ya se había convertido en el líder indiscutible del mejor equipo nacional. Seis días después de esa final de la Liga ACB volaba hacia Nueva York para asistir a la ceremonia del *draft*. Ni los elogios ni las reticencias de Aíto a su marcha, ni el reto pendiente de ganar una Euroliga para la entidad lograron detenerlo. «No sé cómo todavía hay algún entrenador que pueda pensar que Pau no está preparado para ir a la NBA. No está escrito en ninguna Biblia que el primer año se tenga que ser como Jordan o Garnett», dijo por entonces Sergio Scariolo, sin perder oportunidad para alimentar su rivalidad con Aíto.

Sorpresa, orgullo y emoción, todos esos sentimientos se concitaron cuando Pau Gasol juntó sus manos en el momento que David Stern pronunció su nombre aquella noche en el teatro del Madison Square Garden. No tuvo que esperar demasiado tiempo sentado en su mesa circular antes de saludar al comisionado de la NBA. Kwame Brown, Tyson Chandler y él, solo dos jugadores salieron al estrado antes que el español. Ningún baloncestista no formado en universidades estadounidenses había sido elegido nunca en una posición tan alta del *draft*. Con ese lugar de honor, la suerte estaba echada; Gasol empezaría cuatro meses después su carrera en la NBA. Además al número tres del *draft* del 2001 le garantizaban por convenio un contrato por tres años de 7,9 millones de dólares, unos 1.300 millones de pesetas de entonces. Esa cantidad hacía mucho más viable la negociación con el Barcelona para liquidar la cláusula y el año de contrato que aún le restaba.

Gasol fue seleccionado por Atlanta Hawks y traspasado casi de inmediato a los Memphis Grizzlies, junto con Lorenzen Wright y Brevin Knight, a cambio de Shareef Abdur-Rahim. Un trueque responsabilidad de Billy Knight, entonces el responsable de operaciones del equipo del estado de Tennessee. Gasol era el elegido para sustituir en los Grizzlies a un jugador de primera línea de la liga. Rahim era un tipo de veinticinco años, medalla de oro en los Juegos Olímpicos de Sydney 2000 y que en la última temporada había promediado más de 20 puntos y nueve rebotes por encuentro en la NBA. Desde ese 27 de junio en Nueva York, Pau Gasol empezaría a ser un soporte importante del proceso de desarrollo y calado que debían afrontar los Grizzlies en la ciudad y entre la comunidad de Memphis, recién aterrizados allí por el traslado desde Vancouver.

Todo olía a estreno y a pintura fresca en su nueva sede. Nuestro baloncesto ponía una pica en la mejor liga del planeta, en plena efervescencia de llegada de europeos a la NBA. Pau Gasol situó en el escaparate a España como mercado prioritario a la hora de encontrar jóvenes habilidosos y con ambición de poner a prueba su talento con los mejores. Era otra prueba más que confirmaba que esta generación emergente nada tenía que ver con anteriores. Estos niños querían saltarse etapas, olvidar viejos complejos y testar ante la élite su descaro y ambición. «Quiero ir a la NBA; pero quiero ir a destacar, a tener un sitio en el equipo, no a pasar años viendo baloncesto.» Así de claro lo tenía el pívot catalán antes de comenzar su etapa en la liga profesional. Nada que ver con miedos y reticencias del pasado.

El reconocimiento personal sería casi automático, pero el colectivo se haría esperar unos cuantos años. Gasol llegó a una franquicia con el dudoso honor de haber sido la más rápida de la historia en coleccionar trescientas derrotas en toda la historia de la NBA. Se trataba de un equipo en el que se necesitaba de todo: peones, oficiales de primera y capataces. Pau encajaba para rotos y descosidos. Debía disponer de minutos de sobra para poder cuajarse en la liga en su año de novato. Además, iba a disponer de un base imaginativo a su lado, Jason Williams. La sociedad de base y ala-pívot se anunciaba estupenda.

Desde la pretemporada ya se vislumbraba que Memphis era el sitio ideal para el rodaje. Gasol fue titular en la mayoría de esos partidos de preparación, dejando en el banquillo a Stromile Swift, que había sido el número dos del *draft* anterior, el del 2000. Sin embargo, el entrenador, Sidney Lowe, optó por dejar inicialmente en el banquillo a Pau para el primer partido de la liga regular. Fue contra Detroit Pistons, el 2 de noviembre del 2001. A falta de cuatro minutos para el final del primer cuarto, Pau rompió un vacío de catorce años, desde que Fernando Martín decidió dejar Portland y volver a España. Tengo grabado en mi memoria un contraataque, conducido por Chocolate Blanco, y la asistencia para el mate del novato: una canasta histórica.

Para celebrar el primer triunfo tuvimos que esperar casi dos semanas, después de ocho derrotas consecutivas: así eran todavía los Grizzlies. Los titulares de los periódicos siempre iban en la misma dirección: Gasol vuelve a destacar pero Memphis pierde de nuevo. En ese corto tramo de derrotas volvió a asentarse como titular, después de participar en su primer pique con Kevin Garnett, a la noche siguiente de su estreno. En noviembre ya fue elegido mejor novato de su conferencia: «Es un diablo. Tiene equilibrio. Es grande. Tiene buena mano. Puede tirar». «¿Puedes imaginar su impacto? Podría ser el jugador alto que mejor se mueve por toda la pista desde la llegada de Karl Malone.» Así le veían algunas voces importantes de la liga después de su primer mes en la NBA.

Cada partido lo vivíamos como algo fascinante en la novedad, era una ruptura de hielo cada tres días: medirse a los Lakers, tener enfrente a Olajuwon, jugar en el Madison, medirse a Jordan (de vuelta en Washington). El trabajo de nuestro departamento de producción y la asignación de un presupuesto especial para compras extraordinarias facilitaron que la señal de la mayoría de sus actuaciones llegara a España a pesar de que los Grizzlies era un equipo poco favorecido por la programación de las televisiones norteamericanas.

Uno de los partidos que ofrecimos en directo fue el de principios de diciembre del 2001 frente a los Minnesota Timberwolves. «Garnett tiene algo con Gasol, no sé qué es pero se le nota». Acabé esa frase justo cuando Pau recibió el balón en el lado izquierdo de la pista para encarar el uno contra uno ante Garnett. Fintó en un par de ocasiones hasta que enfiló la línea de fondo y terminó con un mate estratosférico en las narices del propio Garnett y del voluminoso Gary Trent. El público enloqueció y Wally Szczerbiak, sentado en la banda, gritó y se dio un revolcón sobre el parqué ante tal visión cercana (no por el vínculo de haber nacido en España sino seguramente por sus ya diferencias latentes con Kevin Garnett). Recuerdo que dije en directo que un cosquilleo me había recorrido el cuerpo al contemplar el descaro con el que uno de los nuestros retaba y desafiaba al jugador que más dinero ganaba en la NBA. Ver a un jugador nacional formar parte de ese negocio a tal nivel de intervención nos acercó un poco más al espectáculo y a su mentalidad, nos lo hizo en cierta medida más cotidiano. Hasta entonces, la NBA era una cultura y un destino ocioso a distancia, una película de difícil acceso y de aires fantásticos. La llegada de Pau Gasol nos familiarizó a todos un poco más con este baloncesto, nos lo puso a una altura real, y no lo hizo bajándolo de la nube sino arrastrándonos a todos con él hasta el palco vip del Olimpo.

Leí hace ya unos años una comparación que me resultó brillante. Si no me equivoco, el autor fue un periodista de Memphis y venía a decir que el intento de Hubie Brown por educar a Jason Williams era como si contrataran a Aristóteles como tutor de Eminem. La historia nos cuenta que el filósofo griego fue contratado por Filipo de Macedonia para educar a su hijo Alejandro. Aunque la tradición avala la influencia del sabio de Estagira sobre el Magno conquistador, otros autores suponen que el joven debió aburrirse con la erudición y la pedantería del anciano. Así más o menos fue la relación entre el veterano entrenador y aquel rebelde sin causa con el que Gasol (y aún se me escapan todas las razones) no logró conectar del todo. He dado ese pequeño salto en el tiempo para evidenciar la pegajosa situación que supuso para los Grizzlies la presencia del exjugador de Sacramento. Un año antes de ese símil con el rapero blanco, Chocolate Blanco, cansado de perder y perder partidos, la tomó con todo ser viviente en Memphis, incluido Pau Gasol. Aquel fue el único inconveniente con el que el español tuvo que convivir en sus primeros meses en la NBA.

Su aparición en un puesto tan alto del *draft* y su estreno en la liga tuvieron una digestión de lo más liviana comparada con la pronta evidencia de que era un firme candidato para ser Rookie del Año o que su elección iba a ser segura para el partido entre novatos y *sophomores* del All Star. Eso casi hubo que tragarlo sin masticar. Llegó a Estados Unidos en el vagón de los sospechosos, cambió el billete primero al de prometedor y luego al de figura en ciernes en apenas tres meses. Su progresión en Estados Unidos avanzaba a una velocidad más rápida que nuestra capacidad de asimilación. Aun así, en esos primeros meses, Andrés Montes ya tuvo la osadía de empezar a decir en la televisión que la única duda que le generaba Gasol era la de adivinar el año en el que iba a ser All Star. En aquel momento, aquella frase era un sacrilegio que recibió masivas críticas a través del correo postal. Desde Gasol hasta el último caso de Víctor Claver, la presencia de jugadores españoles en la NBA me ha lanzado de bruces sobre la triste realidad fratricida de nuestro país. Siempre recibimos numerosas señales (cartas primero, luego mensajes electrónicos y actualmente menciones de Twitter) de las críticas a nuestros representantes, muchas más en número que los elogios. Quién iba a pensar, siendo un hijo del espejismo optimista de la próspera transición española, que comentando la NBA tendría que recurrir a los argumentos y denuncias machadianas del cainismo patrio.

Vuelvo a Williams y a la primera temporada de Pau en la liga para encontrar el embrión de algo que tomó cuerpo a partir de ese momento y que a día de hoy sobrevuela como mosca pesada sobre el perfil del ala-pívot. El asombroso prestidigitador había quedado degradado después de su traspaso de un equipo por entonces tan *cool* como Sacramento a la mazmorra de una franquicia que perdía tres de cada cuatro partidos que disputaba. «Ya lo podéis escribir así de claro. Somos el peor equipo de la liga», dijo después de un partido ante Seattle Supersonics. Y su frustración cayó como bolas de granizo sobre los más débiles de aquella plantilla. A Gasol le tocaron en «suerte» los reproches de mal defensor, tener manos blandas y no conocer los sistemas del equipo. Ese fue el primer copo de nieve de una bola que se hizo gigante con el paso del tiempo y que obligó a Gasol a cambiar su *look* de niño obediente a galo barbudo y desaliñado para triturar esa reputación. La mejor explicación que he encontrado a esta cierta imagen de desidia que en determinadas ocasiones ha demostrado se la leí a Joan Montes, su entrenador en categorías inferiores en el Barcelona: «Cuando desconecta, desconecta». No es necesario mucho más que añadir. En su ciclo natural siempre han aparecido esos lógicos apagones, pero siempre han sido de corta duración. Las hazañas y los asteriscos en su currículum han sido mucho más recurrentes.

Pau fue listo en no involucrarse en esa pataleta y siguió firme en su misión de acumular experiencia y minutos en la liga. Mientras, aquí en España, como ocurre con todo lo que pasa por nuestras manos y miradas, los que meses antes convertían a Jason Williams en el Gandalf de la NBA a partir de ese momento lo trasladaron al lado oscuro y se convirtió en Sauron. El veletismo fanático, esa reiterada manía de simplificar papeles y juicios pintando cuadros solo de blanco o negro. La paleta, y más en el análisis deportivo, mejora cuantas más tonalidades posea para que el resultado final del retrato quede lo más realista posible. Ni Gasol ha sido un jugador perfecto (aunque su trayectoria pique siempre alta) ni Williams fue tan desastre como se quiso hacer ver a partir de entonces. Con él, los Grizzlies aparecieron por primera vez en su historia en *playoffs* unas temporadas después y resultó, más domesticado, un ingrediente importante en el primer anillo de Miami Heat.

Dos meses después de su estreno antes los Pistons, Pau Gasol visitó el America West Arena de Phoenix para enfrentarse a los Suns. Sumó 31 puntos, siete rebotes y cinco tapones. Ese día firmó ante notario su carrera hacia la clase noble de la NBA. Phil Jackson, Don Nelson, Shawn Marion… Las opiniones eran unánimes a la hora de depararle un futuro espléndido. Cuando se cumplían solo tres años desde que debutara en un partido de la ACB, Pau Gasol ya se situaba entre los veinte mejores jugadores de la NBA en diez aspectos estadísticos del juego. Ningún europeo había tenido tan buenos números como el español en su primera temporada en la NBA, tan solo Sabonis y Radja se le acercaban. Ni Nowitzki ni Stojaković hicieron en su temporada de novatos lo que consiguió Gasol como *rookie* de los Grizzlies.

Mi manera de preparar los partidos tuvo que tomar nuevos caminos y pasé a dedicar un rato cada día a leer el único periódico de la ciudad, el *Memphis Commercial Appeal,* en busca de las últimas noticias acerca del jugador que iba camino de convertirse en el novato del año. Aquel joven simpático que me crucé junto a Felipe Reyes en unas escaleras del parking de Tudescos en el centro de Madrid, en la primavera del 2001, y que se mostró afable y cercano solo nos saludó a Andrés y a mí a distancia con una elevación de cejas en el aeropuerto de Philadelphia meses después. Llegaba junto a Shane Battier para participar en el Fin de Semana de las Estrellas. No se lo tomamos en cuenta, levantamos la mano para saludar y regresamos hacia el hotel como un padre que desde el balcón ve a su hijo adolescente interactuar con sus amigos. Gasol era una estrella de la NBA y supusimos que su nueva condición le requería otro tipo de poses y formalismos.

Lo que quizá más me sorprendió de Pau Gasol en aquella primera temporada fue su dureza y durabilidad física (jugó los 82 partidos siendo titular en 79) y la capacidad para dar la talla ante los mejores pívots de la liga, como Duncan, Robinson, Shaquille O'Neal y Garnett. Solo la presencia cercana y directa de Michael Jordan le intimidó algo más.

Después de ser elegido mejor debutante de la Conferencia Oeste en los meses de noviembre, enero y marzo, Pau tenía todas las papeletas para convertirse en el Rookie del Año. La votación fue abrumadora. Recibió 117 votos y el segundo clasificado, Richard Jefferson, tres. La NBA se había rendido ante las cualidades baloncestísticas del ala-pívot de Sant Boi. Andrés lo resumía así: «Es que este tío es muy bueno, Daimiel». Dicha la frase daba un golpe con el bolígrafo en la mesa o emitía un sonido de aprobación. «Y la única duda que tengo es el año en el que va a ser All Star.»

CAPÍTULO 5

2003-06. Defensa, control, hastío y relación rota

*L*a vida de Michael Jordan desde su primera retirada es un jubileo. Cada cierto tiempo se conmemora el aniversario de algunas de sus mejores hazañas sobre el parqué y su figura gana en revalorización. Como con el grupo ABBA, que cada cierto tiempo se vuelve a poner de moda entre los más jóvenes. Son fenómenos con los que se refresca una trascendencia llamativa para fenómenos que no son ya más que recuerdos. Jordan, que ya ha cumplido cincuenta años, no ha perdido un ápice de vigor en su personalidad, en la gestión de su figura y su legado. El golf, los Bobcats, sus negocios, sus hijos y su actual pareja, dieciséis años más joven, alivian a un hombre que lucha día a día contra el paso del tiempo. Su epitafio en vida en la estatua de bronce que se levantó a las puertas del United Center de Chicago dice que «Nunca hubo nadie como él y nunca lo habrá». Una frase rimbombante que para él se queda en insuficiente porque las señales de una gran herencia no son comparables a las sensaciones, a la experiencia de jugar siendo el mejor. «No regresaría por dinero ni tampoco por la gloria. Todo eso ya lo tenía cuando me retiré, hace tres años. El reto ahora es probarme, comprobar que aún puedo hacer las cosas», le dijo a su confidente Ahmad Rashad en una entrevista emitida en la televisión estadounidense en abril de 2001. Ese mismo día aseguró que las posibilidades de vestirse de corto eran de un 0,01%. Nunca un porcentaje tan pequeño ha significado tanto.

Jordan inventa actualmente en su subconsciente imaginario unos contra unos frente a LeBron James, Kobe Bryant o Kevin Durant para ponerse a prueba ante los mejores exponentes de las generaciones que le han continuado. Lo hacía con cuarenta años y lo repite ahora que ya ha cumplido los cincuenta. Los estudia, les busca los puntos débiles para concluir que en su momento los hubiera superado.

Esa y no otra fue la motivación principal por la que, con treinta y ocho años cumplidos, Jordan se planteó una tercera etapa en la NBA. Se fue en el 93 y tardó poco en volver a recuperar su trono en el 95. Cuarenta meses después de su segunda fuga le picó de nuevo el mismo gusanillo, la necesidad de demostrarse que aún poseía capacidades suficientes para plantarle cara al grupo de nueva generación que por entonces dominaba la competición. Como buen amante del juego, le gustan las apuestas arriesgadas y quiso revitalizar desde la pista quizás el peor equipo de aquella temporada, la franquicia de la que era accionista minoritario y presidente. Un más difícil todavía.

A diferencia de su regreso a los Chicago Bulls en 1995, esta vez no acaparaba apoyos unánimes de la opinión pública norteamericana. Hubo muchos que consideraron su último tiro a canasta, el del Delta Center por encima de Bryon Russell en el sexto partido de la final de 1998, como el final ideal e inviolable a una carrera perfecta. ¿Para qué poner en riesgo una trayectoria sin falla con casi 40 años y en un plantel con escasas posibilidades para incluso meterse en *playoffs*? Michael Jordan era consciente de ello. Con Montes hablé mucho en las retransmisiones de la afición de Jordan por la música de Anita Baker, su cantante favorita. O su vínculo prohibido con Whitney Houston, a la que adoraba como artista y con la que compartió un amor y un idilio clandestino durante años según muchos rumores. Pero durante aquellos días estivales del año 2001, Jordan se encerró en Chicago con Tim Grover, su preparador físico de cabecera, para entrenar y prepararse bajo el hilo musical de la *Balada de John y Yoko*, el tema que John Lennon y Paul McCartney compusieron en 1969.

La letra narra las peripecias de la pareja en las fechas previas a contraer matrimonio y a la polémica que causó su decisión de posar en la cama de un hotel de Amsterdam como llamamiento a la paz mundial (*Bed-in for peace*). El estribillo dice así: «Cristo, tú sabes que no es nada fácil, tú sabes lo difícil que puede llegar a ser. Tal y como van las cosas terminarán crucificándome». Entre los opositores al regreso de Jordan con los Wizards levantó la voz hasta Woody Allen, con un artículo en la prensa de Nueva York en el que consideraba innecesaria la vuelta del mito. Jordan era consciente de que los críticos sacarían el hacha a la más mínima para recriminarle su decisión, lo cual supuso un acicate en su puesta a punto. Como más tarde se comprobó, los resultados, mejores o peores, no tenían por sí solos ninguna capacidad para dañar el legado.

La confirmación de su vuelta a las pistas llegó dos semanas después de los atentados del 11 de septiembre, un acontecimiento que también tuvo su trascendencia en su decisión. Su regreso desempeñó ciertas funciones de disuasión y regeneración de la ilusión en un país consternado y asustado. Prácticamente nadie mejor que Jordan podía representar la distracción y la renovación que la gente anhelaba en ese momento. Había urgencia de buenas noticias y ver de nuevo jugar a Michael era la prescripción correcta.

El 25 de septiembre de 2001, sobre las diez y media de la noche hora española, la empresa que lo representaba envió un comunicado de prensa en el que confirmaba la noticia. «Vuelvo por amor al juego», explicaba en la nota. Terminaban así casi cinco meses de especulaciones y espera que habían puesto nervioso a medio mundo. La NBA ya lo tenía todo preparado para el caso de que hubiera fumata blanca. En una decisión que por la propia intendencia necesaria no puede ser casual, los encargados de elaborar el calendario de la liga regular programaron que el primer partido de Washington Wizards fuera ante los Knicks en el Madison Square Garden de Nueva York. Una de sus canchas fetiches, un museo donde quedaron algunas de sus mejores obras, volvía a recibirle en su primer partido, con treinta y ocho años.

No todo el mundo parecía entusiasmado ante el estreno. El desprecio de Jerry Krause, el director de operaciones de los Bulls que provocó la diáspora del 1998, llegó hasta tal punto que en la guía oficial de la temporada de los Chicago Bulls se limitaron las menciones a Michael Jordan a puras y duras estadísticas que cubrían un recuadro, cuando en la edición del año anterior se le habían dedicado trece páginas.

El proceso hasta que Michael Jordan saltó al parqué del Madison el 30 de octubre de 2001, con 38 años y 255 días de edad, implicó una serie de exigentes sesiones físicas y la organización de pachanguitas semiclandestinas de las que casi nadie tuvo noticia alguna. Los entrenamientos comenzaron en Chicago en el mes de junio. En una primera fase se invitó a estrellas en activo de la NBA como Kobe Bryant, Vince Carter o Tracy McGrady, que optaron por desestimar el ofrecimiento. Sí aceptaron jugadores de la burguesía de la liga, gente como Antoine Walker, Penny Hardaway, Michael Finley y Juwan Howard, unos por tener su residencia en Chicago y otros por vínculos personales o comerciales previos con Jordan. Habían pasado más de tres años desde el último partido oficial del mito, en Salt Lake City. Otros jugadores más jóvenes, como Ron Artest, también tuvieron ese privilegio de participar en aquellas sesiones preparatorias y Artest no desaprovechó la oportunidad de torcer alguno de los primeros renglones de su biografía al fracturarle dos costillas a Jordan en un bloqueo. Eso fue como a finales de junio y lo que parecía ya una vuelta casi confirmada empezó a no estar tan clara. La lesión le obligó a estar cuatro semanas parado y romper el durísimo plan que Tim Grover había programado para dejarlo en las mejores condiciones posibles con vistas a su estreno en los días finales de octubre.

El programa incluía en dos sesiones al día de dos o tres horas cada una. La matinal consistía en la mayor parte de las ocasiones en preparación física. La segunda eran partidillos de cinco contra cinco jugados al que primero llegara a diez canastas, sin tiros libres ni triples. Salvando esas dos circunstancias, el objetivo era acercar lo máximo posible esos simulacros a la competición real. Por eso se incluyó la invitación al árbitro Danny Crawford para que ejerciera su labor habitual. La lesión provocada por Artest rompió el plan de trabajo, el tiempo empezó a acelerarse en una carrera en contra y el proceso se tornó tan sombrío que cualquier apostador con cierta estima por su dinero habría invertido en la opción más conservadora, la de que finalmente se frustraría el regreso. Jordan se empecinó entonces al máximo de compromiso, las dificultades siempre fueron motor y combustible principal en sus retos. Recuerdo que en una ocasión leí una anécdota reveladora, previa a la conquista de su primer título. Uno de sus

primeros retos en la NBA fue el de unir en la misma temporada el premio de MVP y el de mejor jugador defensivo. A
Jan Hubbard, periodista de Dallas, le parecía una aspiración
demasiado exigente; pensaba que la energía necesaria para tal
afrenta no compensaba posibles consecuencias futuras. En el
curso 87-88, Jordan logró unificar las dos coronas y a partir
de aquel momento, cada vez que se cruzaba con aquel periodista le repetía, mirándole a los ojos: «Te recuerdo que me has
subestimado».

La argucia de una prestigiosa voz de ESPN y del *Chicago
Sun-Times* como Rick Telander, colándose en una de aquellas
sesiones de entrenamiento, ofreció las primeras pistas sobre
cuál era el estado real de Jordan y las opciones verdaderas de
consecución del milagro que tenía en vilo a todo el deporte
mundial. El resumen es que físicamente hablando Jordan an-
daba bien, salvo una leve cojera después de esfuerzos prolon-
gados. Que se prodigaba más de lo que había sido costumbre en
el juego al poste y que mostraba la misma capacidad resolutiva
de siempre. Algo así como decir que cuando su equipo llevaba
nueve canastas y tenía la posesión de balón su porcentaje de
acierto era demoledor.

A principios de septiembre todos los indicios apuntaban a
que su regreso era seguro. Sin embargo, la confirmación oficial
se iba a hacer de rogar un poco más. Tim Frank, portavoz de la
NBA, tuvo que desmentir en esos días la oficialidad después de
que un empleado de los Wizards pulsara por error una tecla y
provocara que el nombre de Michael Jordan apareciera durante
hora y media incluido en la plantilla oficial del equipo que podía consultarse en la web oficial de la franquicia de la capital.
Tras hora y media de desconcierto se subsanó el error y se intentó quitar hierro al asunto, pero el incidente quedó como un
crédito más favorable a la buena nueva.

Finalmente el más grande apareció aquel 30 de octubre del
año 2001 con su nueva camiseta en «La Meca», como llamaba
al Madison Square Garden, para enfrentarse a uno de los equipos que más había sufrido sus excesos. Su relación con Jeff van
Gundy, por entonces entrenador de los Knicks, no era nada
cordial debido a que en una ocasión el técnico se atrevió a cali-
ficar a Jordan de estafador.

No sé las miles de previas que habré tenido que consultar o cuánta información he tenido que compilar y asimilar a lo largo de todos estos años como comentarista de la NBA. En la última temporada de retransmisiones que compartimos, Andrés Montes y yo hicimos un cálculo muy somero, aproximado, de los partidos que podríamos haber comentado juntos. Nos salía una cifra por encima de los 1.500. También había partidos que habíamos comentado en infidelidad, con otras parejas. Y si sumo a partir de ese momento y hasta hoy en día el número de encuentros de NBA que he podido comentar en televisión, la cifra final debe de estar cercana a los 2.500. Todo esto viene a colación porque recuerdo que quizá no haya habido partido para el que haya tenido más información acumulada a mi disposición que aquel que abrió la tercera etapa de Jordan en la NBA. Todo el espacio era poco en cualquier periódico del mundo o web especializada para triturar al detalle la vuelta del mejor jugador de la historia del baloncesto. Fue una responsabilidad no temida y un gran orgullo participar en la retransmisión de algo tan especial y que sería recordado mucho tiempo. Me acordé de que en el regreso a la NBA de Magic Johnson, en la 95-96, en un partido frente a los Golden State Warriors, mis jefes no consideraron mi presencia en la retransmisión.

El espacio televisivo para un equipo que la temporada anterior había acumulado 19 victorias y 63 derrotas era casi testimonial; apenas había programados partidos de los Wizards en el calendario original que la NBA envía, antes del inicio de la campaña, a las televisiones que tienen los derechos en cada país. Por supuesto, la aparición del número 23 lo cambió todo y la liga dio garantías de que los Wizards iban a ser uno de los equipos más televisados de la temporada. En aquella noche mágica en el centro de Manhattan, Jordan sumó los mismos puntos (19) que en el primer partido con los Bulls después de su huida al béisbol y tres más que en el estreno como novato en 1984. La versión 2001-03 de Jordan mostró la evidencia de los años en su apariencia física, en el gesto, pero no escondía la certeza de que mantenía su clásico y especial don para este deporte. Y si con veintiún años y 267 días había sido capaz de anotar 45 puntos en su noveno partido como profesional, casi diecisiete años después, también en el noveno encuentro tras cuarenta meses de desconexión, metió 44 puntos, con 38 años y 272 días, contra Utah Jazz, uno de los equipos que más ha sufrido sus excelencias en sus idas y venidas. Era el Jordan de casi de siempre.

Jordan jugó dos temporadas y optó por la retirada definitiva con cuarenta años ya cumplidos. Jugó 142 partidos en dos años promediando 21,4 puntos, 6 rebotes y 4,5 asistencias por encuentro. Demostró que a esa edad podía ser todavía un jugador *top*. De no ser por una lesión de rodilla en el final de su primera temporada, los Wizards podrían haber alcanzado los *playoffs*. Molestias crónicas de rodilla y una lesión pasada producida en un dedo con un cortador de puros fueron una preocupación permanente. El principal recurso motivador de aquel Jordan cuarentón fueron los desafíos personales y las cuentas pendientes. Sus mejores partidos fueron producto de duelos personales contra jugadores destacados de la época en su posición (Carter, Mercer, Pierce, Reggie Miller), grandes defensores como Marion o escenarios para la retórica y el mito (39 puntos en su último partido en el Madison Square Garden). Otra noche cualquiera fue capaz de meterle 45 puntos (22 de manera consecutiva) al equipo dominante de la época en el Este, los New Jersey Nets, o 51 al equipo del que siempre consideró su estado, los entonces Charlotte Hornets de Carolina del Norte.

Doug Collins fue su entrenador aquellos dos años y se notó en el carácter especulador del equipo. En las dos temporadas en las que contaron con Jordan como jugador, los Wizards completaron un record idéntico: 37-45. En ninguno de los dos casos pudieron jugar *playoffs*. Primero Richard Hamilton y posteriormente Jerry Stackhouse y Larry Hughes fueron sus principales escuderos en un equipo con un juego interior poco competente que demostró la sospechosa condición como descubridor de talentos de Jordan. El equipo se había apoyado en la elección, como número uno del mismo *draft* que Pau Gasol, en «Un hombre llamado fracaso» (Kwame Brown). Popeye Jones, Jahidi White, un Christian Laettner venido a menos y Brendan Haywood completaron una nómina de jugadores altos más que discutible.

El momento culminante de aquel último contacto con la

NBA de Jordan tuvimos oportunidad de vivirlo en el All Star Game del 2003 en Atlanta, su último Partido de las Estrellas. Aquel fin de semana nos hizo un tiempo estupendo en Atlanta. Yo regresaba a Georgia siete años después de los Juegos Olímpicos y no recuerdo exactamente por qué nuestro estado de ánimo era excelente. Estábamos felices, fuimos al Museo de la Coca-Cola, visitamos la vivienda natal de Martin Luther King y hasta nos desplazamos en el metro local (MARTA, Metropolitan Atlanta Rapid Transit Authority). En el partido del domingo, una despampanante Mariah Carey apareció con un vestido ajustado con el número 23 y los colores de los Washington Wizards y le cantó cual Marilyn a JFK el tema *Hero*. Jordan metió veinte puntos en un partido que necesitó de dos prórrogas, pero tuvo en sus manos la resolución del encuentro. Lo que la historia y la retórica de su carrera pedían para aquel momento no sucedió. Jordan metió un tiro imposible a falta de 4,8 segundos para el final de la prórroga y puso al equipo del este dos puntos por delante. Sin embargo, Jermaine O'Neal cometió falta sobre Kobe Bryant a falta de un segundo y este aseguró los dos tiros libres para forzar un segundo tiempo extra. Kobe frustró la última posible imagen heroica de Jordan en un evento de cierto calado. Toda una señal de sucesión.

Después de los tres anillos consecutivos de los Lakers, la NBA continuaba fraccionada por esa placa tectónica entre las dos conferencias. El punto de fricción era una tendencia acusada a priorizar de nuevo las defensas frente a la creatividad y la espontaneidad. Steve Kerr, uno de los personajes más inteligentes que ha pasado por la liga en las dos últimas décadas, nos dejó una de las mejores frases que jamás le he escuchado a un jugador: «Tengo el mejor trabajo del mundo. Juego seis minutos, meto dos canastas y todos quieren entrevistarme en la sala de prensa», dijo una vez este base que jugó 910 partidos en la liga y solo fue titular en 30 (ninguno en temporadas en las que ganó alguno de sus cinco anillos). Era de esos tiradores especialistas de sangre fría que aparecían en los encuentros casi una hora y media más tarde que el resto pero siempre acababa resultando trascendental. Pues bien, en un ataque de sinceridad muy honorable, Kerr, entonces jugador de San Antonio Spurs, reconoció después del tercer partido de la final de 2003 entre su equipo y los New Jersey Nets que le habían entrado ganas de levantarse del banquillo y largarse a su casa.

Fue una final dura y espesa. Para nosotros tenía el aliciente de pasar una semana entera en Nueva York, en el centro. Nos hospedamos en el Marriott Marquis de Times Square. No era nuestra primera vez allí y nos encantaban los ascensores. Un día coincidí en un ascensor (esa costumbre tan mía) con Sergio Scariolo. Más o menos en lo que tardó el ascensor desde la altura de la calle hasta el piso doce o catorce me contó que estaba acudiendo a los entrenamientos de los New Jersey Nets durante la final. Escuché una versión muy parecida a la que le concedió al diario *El País* en aquellos días: «Es un intercambio de conocimientos y ayuda en temas específicos. Puedo asistir a los entrenamientos, charlas técnicas y sesiones de vídeo.» «Cuando tengo una opinión la doy, ellos me la piden. Hay aspectos tácticos con los que no están muy familiarizados, como la defensa en zona o el ataque ante esta estrategia». Luego otras versiones algo diferentes me dijeron que Scariolo acudió a algún que otro entrenamiento debido a su amistad con Rich Dalatri, el entonces preparador físico de los Nets.

En aquella final sacamos partido de muchos paseos por Tri-BeCa y el Greenwich Village, vimos a Sarah Jessica Parker salir de un portal en bata para comprar algo en una tienda de ultramarinos, fuimos a conciertos de *jazz* y volvimos a vivir la Puerto Rican Parade, la marcha por el Día Nacional de Puerto Rico por las calles de Manhattan.

Andrés Montes era consciente, desde el principio, de que este producto había que venderlo, algo solo equiparable en España con el fútbol y quizá con el fenómeno posterior de Rafa Nadal, destacado representante patrio en un deporte conocido por todos. En aquella época estábamos disfrutando de los primeros años dorados de jugadores españoles en la NBA, pero la diferencia horaria siempre fue un obstáculo inmenso a la hora del seguimiento masivo. La Fórmula 1, pese al fenómeno Alonso, también necesitó de un dispositivo triunfante en su comunicación televisiva para convertir sus retransmisiones en un acontecimiento de masas.

«Hay que vender el muñeco», decía Andrés. Una liga que

se juega en la madrugada española, con una implicación de casi cuatrocientos jugadores por temporada y que se disputa bajo los gustos y los condicionantes de la realidad social y económica de gente muy diferente a nosotros que vive a ocho mil kilómetros de distancia. En aquella final del 2003 fuimos conscientes desde el primer partido de que la comunicación y el revestimiento que había que darle al evento era un examen de nota. Aquella serie final fue la menos vista en televisión desde 1981 y evidenció alguna que otra señal de hartazgo popular ante la falta de espectáculo y carisma. En el cuarto partido de la serie (77-76 fue el resultado) se fallaron 114 tiros y se perdieron 27 balones. Jason Kidd, el jugador franquicia de los Nets, tenía una llave de la cancha de entrenamiento (una condición habitual en los equipos de la NBA) por si alguna vez le apetecía ir a practicar el tiro. Jamás había hecho uso de la dichosa llave durante dos años hasta que su escaso acierto en el tiro durante aquella final le llevó a utilizarla e intensificar sus prácticas mientras su esposa, Joumana, le pasaba el balón.

Antes de ese desenlace gris y angosto de la temporada habíamos disfrutado de grandes momentos en los *playoffs* del Oeste. Dallas y Sacramento disputaron una semifinal de conferencia antológica que solo se pudo resolver en el séptimo partido y con el mismo desenlace que todos los encuentros frente al precipicio que afrontaron aquellos añorados Kings. Transcurridos los tres primeros encuentros ya se habían sumado 757 puntos en global. Una bacanal de juego ofensivo, un festín que daba una cuenta de 252 puntos de media por encuentro. En el descanso del segundo partido, los Mavericks ya habían anotado 83 puntos. Ningún equipo había marcado nunca tanto en los dos primeros cuartos de un partido de *playoff* en la historia de la liga. Asomaba la cabeza ya por entonces Steve Nash como el base del momento, el más talentoso de la liga, socio perfecto y amigo personal de un Dirk Nowizki superlativo, un Larry Bird moderno, del siglo XXI.

Por el otro lado del cuadro, San Antonio Spurs consiguió al fin derrotar a los Lakers después de que los de Phil Jackson les hubieran eliminado en dos ocasiones. Ningún equipo había sido capaz de superar a aquellos Lakers en una eliminatoria de

MICHAEL JORDAN, KOBE BRYANT Y SHAQUILLE O'NEAL. Esta imagen corresponde a un partido entre los Bulls y los Lakers en el mes de febrero del año 1998. Ese día ganaron los Lakers, pero el título a final de temporada fue para los Chicago Bulls de Michael Jordan.

KOBE BRYANT Y SHAQUILLE O'NEAL. Los Lakers acaban de ganar el título de 2002 a los Nets de New Jersey. Shaquille fue nombrado el mejor jugador.

JORDAN Y GASOL. En la imagen de arriba, Pau Gasol estaba aterrizando en la NBA cuando se encontró a Michael Jordan en su última etapa con los Wizards. Debajo, Pau disfrutando de su segundo título de la NBA con los Lakers junto a Kobe Bryant y sus compañeros.

LOS ESPAÑOLES. Arriba, Calderón y Ricky. Dos grandes de la NBA. La imagen corresponde a la etapa en que José Manuel Calderón todavía militaba en los Raptors. A la derecha, los dos hermanos Gasol se enfrentan en un partido entre Lakers y Grizzlies en 2011.

El MVP 2012. Entre el legendario Bill Russell y el comisionado David Stern, LeBron James exhibe el trofeo al mejor jugador tras ganar con Miami Heat el campeonato de la NBA de 2012. **A la izquierda**, mate del alero de Miami Heat en el quinto y último partido de las finales NBA de 2012, que su equipo ganó a Oklahoma City Thunder.

A BORDO DE UN CHRYSLER STRATUS. Arriba, Andrés Montes y Antoni Daimiel en la pista del United Center de Chicago, justo antes de disputarse el sexto y último partido de aquella final de 1996 que los Bulls ganaron a los Sonics. Abajo, descanso entre partidos. Al volante del Chrysler, Daimiel. Detrás, como un señor, Montes. Y, posando para la foto, José Manuel Fernández, especialista en NBA de *El Mundo Deportivo*.

playoffs desde la primavera de 1999. Jackson acumulaba triunfos en veinticinco series consecutivas, concretamente desde 1995, con aquella eliminatoria en la que Orlando Magic eliminó a sus Chicago Bulls con un Jordan recién regresado a la NBA al que ni siquiera la recuperación del número 23 (en el segundo partido de la serie, dejando para siempre el 45) le sirvió para superar al equipo de Penny Hardaway.

Como decía, fue consumarse la caída de los Lakers contra los Spurs en los *playoffs* del 2003 y coger fuerza la versión de que la fórmula mágica de Batman y Robin (Shaq y Kobe) parecía agotada. Los problemas en el pie lastraron a Shaquille O'Neal en aquellos *playoffs*, recuperó su condición humana, como comentó por entonces Bill Walton. Kobe Bryant quiso aprovechar la coyuntura para incrementar sus funciones y erigirse en único salvador, pero aquella nueva fórmula química no resultó y el idilio aceleró su marchitado. Aquella flor había durado dos y hasta tres primaveras, pero no alcanzó la cuarta. Tim Duncan, el mejor ala-pívot de la historia, estuvo excelso y sacó de dentro un punto de agresividad hasta entonces inédito, causado por el placer de la superioridad. El gigante tranquilo bramó y terminó con la dinastía de los Lakers.

Retomamos a Steve Kerr, *Wyatt Earp*, como lo llamaba Montes. Nada más hacerse pedazos los Bulls, tras el sexto anillo, el tirador fichó por los Spurs y ganó su cuarto campeonato. Un jugador especial no solo tirando a canasta desde media y larga distancia, también un tipo de gran personalidad e inteligencia. Recuerdo que coincidimos con él en un restaurante en el que cenamos en París, durante el Open McDonald's de 1997.

Kerr jamás sobrepasó los ocho puntos ni los 24 minutos de juego como promedio en una temporada. Jugó dos años más en Texas, con los Spurs, y luego se fue a Portland para jugar una temporada y regresó enseguida a San Antonio porque aún le quedaban ganas de sumar un anillo más. Kerr es el autor de una de las citas más cortas y trascendentes de la historia de la NBA: «Estoy listo», le dijo a Jordan en el último tiempo muerto antes de anotar la canasta que le dio a Chicago su quinto anillo, en 1997.

Gregg Popovich no era en sus primeros años como entrenador el técnico que hemos conocido en estos últimos. En realidad, reconociendo que está entre los tres mejores, considero que la mayor admiración que se le puede profesar a Popovich es la de su capacidad de aprendizaje y mejora siendo ya campeón. Normalmente, el éxito te suele convencer de que ya estás completo y de que tu labor es de enseñanza e instrucción transitiva más que de ampliar la formación. Su apertura a nuevas ideas, ritmos, a los jugadores FIBA y a la convivencia con Tony Parker ha crecido de manera progresiva, y se ha convertido en un gran (y muy completo) entrenador.

En la 2002-03, Popovich le dio poca bola a Kerr. En la final de conferencia contra Dallas, San Antonio perdía por 13 puntos a falta de 11 minutos. Popovich, «Teléfono rojo llamando a Moscú», que decía Montes, rescató al base del banquillo con el objetivo de arriesgar y agitar el partido con su amenaza en el perímetro. Kerr metió cuatro triples que fueron puñales en el corazón de los Mavericks, dio la vuelta al marcador y le regaló la victoria a su equipo. Alguna heroicidad más de ese estilo protagonizó durante la final ante los Nets, especialmente en el quinto encuentro. Sus promedios en los *playoffs* de esa temporada fueron de 2,2 puntos en 4,6 minutos, pero su porcentaje de triples fue del ¡83%! En agosto de ese mismo año anunció su retirada para pasar a convertirse en uno de los comentaristas más reconocidos del país, prestando su voz para una de las sagas de videojuegos de la NBA más prestigiosa. Además hizo un paréntesis en su actividad en el mundo de la comunicación para ser durante tres años presidente de los Phoenix Suns.

Aquella temporada también supuso el final de uno de los «matrimonios» más duraderos y mejor avenidos de la historia de la NBA. John Stockton abandonó el hogar y consumó el divorcio de Karl Malone sin haber logrado el objetivo de ganar un anillo. El base de Spokane se retiró con cuarenta y un años después de regalar 15.806 asistencias en diecinueve temporadas, siempre con los Utah Jazz. Muchas de aquellas asistencias llevaban franqueo con destino al mismo cartero, Karl Malone. Stockton siempre tuvo la apariencia del bueno y el listo del dúo, pero casi siempre sus rivales fueron desvelando su lado despiadado y sibilino. Después de un partido en el que le metió 52 puntos a los Hornets, Malone reconoció que Stockton previamente le había informado de unas declaraciones del malogrado Armen Gilliam en las que este definía a Malone como un jugador sobrevalorado. La revelación sirvió de chispa desencadenante de la furia competitiva de Malone. Nadie de la prensa fue capaz de descubrir de dónde había salido ese entrecomillado hasta que finalmente Stockton admitió que se había inventado aquellas supuestas declaraciones de Gilliam.

«He dudado de mi capacidad para entrenar a estos jugadores de la manera que quiero. Planeo un partido de una manera y luego las cosas no se hacen del modo previsto. Sin duda esta es mi temporada más difícil en la NBA.» Esta frase de Phil Jackson marca el principio del fin de la saga de aquellos Lakers de O'Neal. La cita fue recogida por Craig Sager, reportero de la TNT, en una entrevista con el técnico días antes de comenzar los *playoffs* de la temporada 2001-02. Restaba aún pegamento suficiente para ganar un anillo más, pero a partir de entonces no hubo adhesivo capaz de unir a O'Neal y Bryant. Al año siguiente, San Antonio Spurs les pasó por encima en semifinales de su conferencia tras una temporada marcada por la lesión del pívot (acusado por Kobe de poco profesional por evitar a los médicos durante todo el verano) y la racha de nueve partidos consecutivos del escolta en los que anotó cuarenta puntos, o más. En aquel momento, el divorcio ya no tenía vuelta atrás. Kobe se vio con la entidad suficiente para convertirse en el líder del equipo y no quiso perdonar la opción de desplazar a Shaquille a un papel secundario.

En el curso baloncestístico 2003-2004, la situación parecía ya insostenible desde antes de reunirse para la pretemporada. Bryant tuvo que lidiar con el oscuro asunto de una presunta agresión sexual a una camarera de un hotel de Denver, mientras que el *general manager*, Mitch Kupchak, logró la hazaña de firmar contrato con Karl Malone y Gary Payton, como muros de contención entre las dos estrellas. La idea del ejecutivo era la de renovar ilusiones, cambiar caras, meter a dos futuros miembros del Hall of Fame más en el vestuario. Reunir uno de los quintetos más poderosos jamás formados y así diluir rencillas entre Shaq y Kobe, al menos hasta que otro estandarte de campeón estuviera en el cielo del Staples Center. Pero Malone y Payton no estaban para líos y no se llegó al armisticio. Kobe lanzó una bomba nuclear en una entrevista concedida el 28 de octubre a ESPN. Fue su declaración de guerra antes de que la familia se sentara a la mesa, un indiscutible punto de no retorno. Kobe acusó directamente a O'Neal de llegar muy pasado de kilos y fuera de forma al *training camp* (pretemporada), de exagerar lesiones, de desviar habitualmente la culpa de las derrotas hacia sus compañeros y de exigir demasiado dinero para renovar cuando habían llegado Payton y Malone dispuestos a jugar por el salario mínimo sacrificando otras opciones más ventajosas. Bryant volvió a reprocharle públicamente a O'Neal su imposición para ser siempre la primera referencia en ataque y le definió como una persona infantil, celosa y egoísta. Si es cierta la historia de que Escipión Emiliano ordenó destruir hasta la última piedra en pie de Cartago, tras la Tercera Guerra Púnica, y marcar con un arado surcos durante diecisiete días sobre los que después se vertió sal para que nada más volviera a crecer, Bryant en esa entrevista cogió un saco de sal Maldon y la derramó avinagrada para enterrar su relación con Shaquille. Ese conflicto nuclear superó a Phil Jackson, que optó por ponerse tapones en los oídos y dejar que se despellejaran.

Los Lakers vivieron de detalles favorables y de procedencia inesperada, ajena a su Big Four, en los *playoffs* del Oeste. El famoso tiro de Fisher en San Antonio a falta de 0,4 segundos les impulsó hasta la final de la conferencia y lograron ese título parcial derribando a los Timberwolves de Cassell, Sprewell, Wally Szczerbiak y Garnett con la inspiración de los seis triples de Kareem Rush en el sexto y definitivo partido. Rush era un secundario que solo había sumado un total de once puntos en los cinco partidos anteriores. Los Lakers llegaron como una estructura artificial a la final contra los Detroit Pistons. La organización, la preparación y el deseo común eran dominantes en el equipo de Larry Brown. Los Pistons maniataron a los Lakers hasta dejarlos en 81 puntos de media por partido durante la final. Aún recuerdo a un pívot como Ben Wallace presionando en uno contra uno a media cancha a Kobe Bryant. La facilidad con la que los Pistons lograron su tercer anillo nos dejó atónitos a una gran mayoría.

La guerra civil y el ambiente bélico que dominó a los Lakers toda la temporada no deben ensombrecer la hazaña del equipo de Michigan. Joe Dumars, su *general manager*, había prescindido anteriormente del técnico Rick Carlisle, que no era capaz de concretar en *playoffs* todo lo sembrado en temporada regular. Le dio el timón al veterano Larry Brown y consiguió a Rasheed Wallace mediante traspaso desde Portland, previo paso de un partido por Atlanta. Como los Bad Boys de los títulos del 89 y el 90, el equipo de Brown fue un conjunto canchero, al estilo de los Jazz de Sloan pero vestidos de Conferencia Este. La opción dominante en la NBA volvió a partir de aquella temporada a atrincherarse en la defensa, con los Pistons y los Spurs de Popovich como máximos exponentes. Los Pistons se llevaron el campeonato a Michigan con el sexto peor ataque de la liga (90,1 puntos por partido). San Antonio y Detroit se encontraron en la final al año siguiente y los de Texas sumaron un nuevo título.

La final del 2005 entre San Antonio Spurs y Detroit Pistons fue la típica noche en que sales de fiesta sin esperanza ni pretensiones y que te acaba arrastrando a una velada inolvidable. Quién iba a imaginar en aquel momento que aquella final a siete partidos repleta de emociones fuertes sería la última final de la NBA que compartiríamos Andrés Montes, Remedios García y yo. Con respecto a la pareja televisiva con Andrés, nuestra décima final, nuestro decimonoveno viaje juntos a Estados Unidos y la última final compartida como comentaristas. En nuestra visita por segundo año consecutivo a Detroit, la NBA volvió a hospedarnos en un hotel de Troy, a casi cuarenta kilómetros del centro de Detroit y a veinte kilómetros de la cancha de los Pistons, el Palace de Auburn Hills.

En el primer día libre allí hicimos una excursión en coche para conocer el campus de la Universidad de Michigan State, haciendo parada de camino en la localidad de Flint, famosa en el baloncesto por ser la ciudad de origen de jugadores como Mateen Cleaves, Charly Bell, Morris Peterson, Glen Rice y Eddie Robinson y también por haber sido un lugar claramente destacado en los índices de criminalidad de todo Estados Unidos durante aquellos años. El cineasta Michael Moore había colocado a Flint en el mapa de la sensibilidad mundial con la película documental *Bowling for Columbine* tres años antes. Detuvimos el coche de alquiler un sábado a las 13.30 en el centro de Flint y la sensación fue espeluznante. Parecía una ciudad abandonada, sin viandantes ni vehículos. Aún me resulta inexplicable cómo una ciudad de más de cien mil habitantes podía estar desierta un sábado a esa hora, en Saginaw Street, cerca del ayuntamiento. Todos los locales comerciales parecían cerrados. La extrañeza y el temor nos puso enseguida en camino hacia los escenarios mucho más amables de East Lansing y el centro universitario al que pertenecieron entre otros Magic Johnson, Scott Skiles y Steve Smith.

Otro día cruzamos la frontera hacia la localidad canadiense de Windsor junto a compañeros y amigos de viajes como José Manuel Fernández, Jordi Robirosa, David Carro y Pere Aliguer. Casi todas las noches acudíamos a cenar a una zona de cierto nivel elitista por sus tiendas y restaurantes, Birmingham, la localidad donde se criaron Shane Battier y el jugador de fútbol Alexi Lalas, el mismo lugar donde decidió residir José Manuel Calderón al recalar en los Pistons. En aquellas noches coincidimos habitualmente con el equipo de la televisión autonómica de Cataluña, TV3, formado en aquella final por Jordi Robirosa, Joan, Manoli y Esther. Hablábamos de todo menos de baloncesto, con conversaciones que versaban sobre política territorial, economía, medios de comunicación o el mundo de las adopciones. Una noche concreta, exactamente el sábado 18 de junio, reservamos en el restaurante Mitchell's Fish Market, en Willis Street. La final estaba empatada a dos y ya habíamos asegurado el viaje de regreso el lunes con dirección a San Antonio. Con la carta en la mano para decidir lo que íbamos a cenar observamos la aparición de Robert Horry con un acompañante. Se sentaron en la mesa de al lado. La cena de Horry fue tranquila, suave en los platos consumidos y amable por el trato que dispensó en propina y atención a los empleados del local.

Al día siguiente Horry, que era el quinto jugador de los Spurs en minutos disputados en aquellos *playoffs*, parecía igual de relajado una hora antes del inicio del partido que en el restaurante. Se detuvo para hablar largo y tendido con Michele Tafoya, la periodista encargada de las entrevistas a pie de pista en las retransmisiones de la ABC. Aquella estampa se reveló como una anunciación de un personaje digno de una película de Hitchcock. Horry metió su primera canasta, un triple, en el último segundo del tercer cuarto de un partido vibrante. La primera canasta del último cuarto fue otro triple de Horry. A partir de ahí su figura se engrandeció en papel protagonista, por encima de Duncan y de Ginobili. Sumó un total de 21 puntos y metió la puntilla en la nuca de los Pistons con otro triple a falta de 5,8 segundos para el final de la prórroga. Aquel partido lo ganaron los Spurs 95-96 y la final ya nunca pintó igual para el equipo de Larry Brown. Horry fue un héroe de compañía en nuestros viajes durante cinco de sus siete anillos de campeón.

Mientras, con la franquicia hecha añicos, Kupchak tomó la decisión de traspasar a Shaquille O'Neal y descartar la costosa renovación de Phil Jackson. Muchas fuentes autorizadas que seguían de cerca los entresijos de la franquicia aseguraron que fue Kobe el que estuvo detrás de estos dos movimientos. Sus aparentes deseos de gloria personal exigían poder y saber ganar sin los que le habían acompañado en los títulos anteriores. Con esas dos decisiones, Kobe se deshacía de su enemigo público número uno y se apartaba de un entrenador que no aceptó sus erupciones individuales y que en las discusiones con O'Neal siempre barrió más para el pívot. Steve Kerr (otra vez Kerr) contó que Jackson le regañaba en su etapa en los Bulls por pasarle demasiado el balón a Jordan y no propiciar que el resto del equipo se sintiera involucrado. Bryant, con veinticinco años, aún no compraba del todo esos planteamientos.

A mediados de la primera década del siglo XXI surgió un nuevo ventilador que, en sucesión de los Kings, se llevó poco a poco la amenaza del baloncesto gris y de los partidos con sabor a comida congelada. El ventilador de los Phoenix Suns de Mike D'Antoni, Nash, Stoudemire y compañía. Lamentablemente, el equipo de la filosofía de «Seven seconds or less» (siete segundos o menos, referida a la duración de sus ataques) recogió el testigo de los Kings también en su condición de pupas (lesiones, sanciones, desaires arbitrales) en los momentos cruciales. Por lo menos construyó el legado intocable de dejar dos MVP para Steve Nash. Volvió a dominar un jugador blanco, un base con magia, talento, puntos, inteligencia y una gran ética de trabajo. Resultó una delicia ver los partidos de ese equipo. Contraataques, posesiones cortas, triples, altos porcentajes y ritmo frenético. Sus detractores aún ondean la bandera del reproche de que ni siquiera pudieran alcanzar una final de la NBA. San Antonio y Dallas acabaron con las aspiraciones de los Suns y las ilusiones de los románticos. En su libro de reclamaciones, la franquicia de Arizona mantiene el codazo de Robert Horry sobre Nash y la polémica sanción impuesta por la liga tanto a Amare Stoudamire como a Boris Diaw por saltar a la pista desde el banquillo en aquella serie inolvidable contra los Spurs en la final de la Conferencia Oeste en el 2005. Al año siguiente, las lesiones de Stoudemire y de Raja Bell limitaron, otra vez en la final de esa conferencia, las opciones de los Suns contra los Mavericks.

CAPÍTULO 6

2006-08. Las nuevas generaciones

$\mathcal{A}$ LeBron James le hemos escudriñado y monitorizado su carrera desde que jugaba en el instituto. La primera vez que leí algo interesante sobre él fue allá por 2001 o principios de 2002. En aquellos días, los medios de comunicación escribían sobre la guerra que Nike y Adidas mantenían por conseguir un contrato con el chaval al que ESPN ya había puesto el sobrenombre de «el Elegido». Luego, cuando años más tarde el jugador anunció en un programa de televisión su marcha de Cleveland Cavaliers a Miami Heat, se bautizó ese día como el de «la Decisión». Todo tenía un toque personalizado y bíblico que perjudicó a su imagen durante gran parte de su carrera. En cuanto su figura se ha normalizado por su insistencia y su apego al perfeccionamiento, la consideración hacia su persona y hacia la dimensión de su juego han mejorado de manera notable.

Al comienzo de su carrera existía en el ambiente cierto tufillo prepotente y desafiante que provocaba un punto de rechazo a todo lo que íbamos conociendo de él. Su gestualidad en la pista y su condición de robot perfecto en el terreno físico no remaban a favor. Además, el cuento de que estábamos ante el nuevo Jordan ya nos lo habían contado bastantes veces antes de irnos a dormir y el final nunca coincidió con el que nos anunciaban por escrito. ¿Por qué esta vez iba a ser diferente? Quizá por entonces nos faltaban datos futuros de la capacidad de LeBron para resolver retos y desafíos sin sentir la presión de su existencia. Datos indispensables para un juicio completo. Y además Michael Jordan aún seguía en activo.

El *draft* del año 2003 puso un punto y coma en la NBA. Representa otro de esos momentos cruciales en la historia reciente de la liga. En ese sorteo coincidieron algunas de las estrellas que marcaron la competición en años sucesivos. Después de sucesiones constantes de aciertos y errores, de robos mezclados con sorpresas mediocres y algún que otro error evidente, el mecanismo regenerativo y de ventilación del sistema dio de nuevo resultados. LeBron James, Dwyane Wade, Chris Bosh y Carmelo Anthony resultan una representación inmejorable. Jugadores cibernéticos, físicos de acero inoxidable que ni pretenden ni reniegan del *swing* callejero característico, ese *flow* que nos conmueve a los de la explosión sensitiva ochentera. En líneas generales son jugadores con la cabeza en su sitio, tocados por el talento natural y abiertos a los placeres mundanos y retributivos de las bondades de su condición.

Cada vez que he visto coincidir en la pista a los abanderados de esta gran generación con miembros destacados de la de los júniors de oro en España me ha dado la sensación de ver concentrados conceptos semejantes sobre un espejo, con las correspondientes diferencias culturales y geográficas. Ambos grupos de élite, desde sus distintos campos de acción, han cumplido misiones similares: actuar como aromatizadores de un baloncesto que olía a cerrado.

Comenzaba el segundo lustro de la primera década del siglo y se iban colgando en el techo de los pabellones camisetas de algunas vacas sagradas de la liga a las que yo había comentado partidos: Scottie Pippen, Pat Ewing, Reggie Miller y la sociedad Stockton & Malone, estatua incluida. En ocasiones, cuando un jugador al que le has comentado partidos entra en el *Hall of Fame* o le retiran la camiseta, o cuando empiezas a narrar actuaciones de jugadores a cuyos padres también has analizado en retransmisiones en directo, he reflexionado sobre si se trata de una señal de ciclo profesional consumido, más aún contando con la gran exigencia física y familiar inherente a los horarios NBA.

Esa generación saliente dejaba mucho hueco por cubrir, así que el *draft* del 2003 llegó oportuno a su hora. Los jerarcas que permanecían en activo buscaban nuevos acomodos en un reajuste natural. La marcha de Shaquille O'Neal a Miami desde Los Ángeles dejó a Kobe Bryant como patriarca de unos Lakers mundanos, vulgares. Cada vez que se encontraban estos dos equipos, dos veces por temporada, era en fechas clave para que las audiencias televisivas explotaran ante el morbo de ver a Kobe y a Shaq como enemigos legales después de tanta cuenta pendiente y tanta ofensa pública. Durante esos años, el menú del día 25 de diciembre incluía las sobras de Nochebuena y el partido Heat-Lakers. Bryant, después de perderse los *playoffs* en el año de Tomjanovich y Hamblen en el banquillo, se estampó en *playoffs* dos años seguidos contra los Suns de D'Antoni y Nash. Solo se llevó Kobe el bagaje de sus recurrentes proezas individuales para gritar el aquí estoy yo ante la llegada de esa citada generación amenazante de asomarse a la liga desde su mismo balcón.

Salvador Dalí dijo en una ocasión que de lo único de lo que el mundo nunca se cansará será de la exageración. Y Kobe comentó la primera vez que vio las imágenes del partido en el que le metió 81 puntos a los Toronto Raptors de Calderón, el 22 de enero de 2006, que se sintió igual que viendo una obra maestra del pintor de Figueres, referido al toque surrealista de aquel encuentro. Aquel domingo no me tocaba en principio comentar aquel partido junto a David Carnicero. Mi compañero en Canal+ Ramón Fernández me pidió un cambio de turno y aquella coincidencia me resultó un regalo. Nunca ves llegar en su inicio un partido de esas características, lo vas descubriendo poco a poco. Aún conservo el papel donde fui apuntando los parciales y comentarios del partido mientras lo narraba, con una mancha de café incluida. La lista masiva y promiscua de todos los partidos que he comentado durante estos diecisiete años me ha arrastrado a placeres y orgullos como los de narrar un partido así, el de los doce triples anotados por Kobe Bryant contra Seattle Supersonics en el 2003 (junto a Jesús Llama) o el de la espectacular pelea de los Pistons y los Pacers (con Manuel Elvira) en el 2004.

Sin imágenes de los 100 puntos anotados supuestamente por Wilt Chamberlain, Kobe Bryant dejó una copia lo más aproximada posible para regocijarnos con una de las grandes explosiones individuales en la historia del deporte. Aquel mes de enero fue tremendo. De los 20 partidos que disputaron los Lakers, Kobe consiguió anotar 30 puntos o más seis veces, 40 otras seis, se encumbró con dos partidos de más de 50, uno de 62 y el de 81. Phil Jackson, que había vuelto al banquillo del Staples, no opuso resistencia a la hipérbole. A pesar de esa racha tan soberbia, los Lakers perdieron siete partidos. Cada victoria necesitaba un número de magia de Kobe y ante equipos de clase media porque la plantilla no daba para mucho más. En aquellos días, la prensa de Los Ángeles filosofó sobre si era conveniente o no para el equipo y para la imagen del propio Bryant tal efervescencia anotadora: «Si tira es egoísta, si pasa el balón es un loco. Si facilita la circulación de balón es un semental, si no lo hace es el hombre que jamás entenderá lo que significa el trabajo en equipo. Hay una línea muy delgada por la que caminar, sobre todo cuando la opción es muchas veces pasar la pelota a jugadores que no pueden anotar.»

Recuerdo como una gozada el honor de poder disfrutar hasta hoy de un jugador con una capacidad anotadora tan descomunal, uno de los mejores de la historia, lo más parecido a Jordan que ha habido sobre una pista antes o después del de Brooklyn.

En febrero de 2006, Andrés Montes, la productora Esther Ruano, el cámara Eduardo Iglesias y yo acudimos al All Star de Houston. Era una ocasión especial, la primera vez que un jugador español iba a participar un Partido de las Estrellas de la NBA. Era la graduación como estrella de la liga de Pau Gasol. Además, el canal Cuatro, en abierto, había empezado sus emisiones el 7 de noviembre del 2005 y había sido incluido en el nuevo contrato de derechos televisivos de NBA en España. Todos los eventos de ese Fin de Semana de las Estrellas serían ofrecidos en directo y en abierto para toda España. Digamos que la dirección de Cuatro no cogió con entusiasmo los compromisos contractuales con la NBA, que venían concedidos en virtud del acuerdo principal con Canal+. Aun así, la noche de los concursos del sábado (24%) y el partido del domingo, con Gasol (17%), marcaron las cuotas más altas de *share* de la corta vida de Cuatro hasta ese momento. Una semana después me crucé por un pasillo del edificio con los máximos responsables de Cuatro y no recibí ni un saludo. A partir de ese momento, el matrimonio de conveniencia de la NBA con Cuatro daría para otro libro diferente.

En Houston no frecuentamos demasiado a Pau Gasol, que

se pasó enfermo el fin de semana y solo disputó catorce minutos del partido. José Manuel Calderón colaboró con nosotros en una de las retransmisiones y compartimos una agradable comida con el base extremeño, su mujer, Ana, y el matrimonio Nocioni. Desde allí viajamos en el mismo vuelo de José y Ana hasta Memphis para retransmitir en directo un Grizzlies-Raptors que formó parte de una promocional *spanish night* (noche española). En Memphis comimos en el Texas of Brazil y en el restaurante de Isaac Hayes, los dos en el centro. Vimos *blues* en directo en locales de Beale Street y visitamos, por supuesto, el Museo Nacional de los Derechos Civiles, en las instalaciones del motel Lorraine, lugar donde fue asesinado Martin Luther King. Fue nuestro último viaje por Estados Unidos. Meses después, mientras yo cubría la final Dallas-Miami, Andrés Montes estaba en Alemania narrando para La Sexta el Mundial de Fútbol.

Fue a finales de marzo de 2006 cuando Andrés me comunicó que le habían hecho una oferta desde La Sexta muy difícil de rechazar. Desconozco los motivos por los que Canal+ no hizo ni un mínimo intento para retenerlo pero el día 1 de mayo, en plenos *playoffs*, Montes dejó definitivamente Canal+ y las retransmisiones de la NBA. A partir de ese momento, nuestro vínculo de amistad no laboral se incrementó. David Carnicero ocupó la plaza de Andrés como narrador y también el productor Pablo Abánades sustituyó a Remedios García como principal responsable de nuestras producciones en la NBA. Nikola Loncar se incorporaría al equipo al inicio de la siguiente temporada, en noviembre de ese mismo año.

Me gustó que Miami Heat ganara aquel anillo del 2006. Pat Riley olfateó la oportunidad y les concedió el gusto a varios jugadores de la plantilla despidiendo a Stan van Gundy y bajando él mismo a ocupar el banquillo, muy al estilo Popovich 96. Riley como accionista, presidente y entrenador y con la experiencia y el respeto acumulado no tuvo demasiados problemas para poner en sintonía a una plantilla de personalidades tan dispares como Jason Williams, Gary Payton, Alonzo Mourning, Shaquille O'Neal, Antoine Walker o James Posey. Recitados de uno en uno resulta complicado imaginar un vestuario bien avenido, pero la fórmula de aquel éxito tiene un nombre principal: el Dwyane Wade de aquellos *playoffs* valía un título. Pese a todo, algunos veteranos secundarios del equipo, como Alonzo Mourning, Gary Payton y Jason Williams, ofrecieron puntualmente momentos determinantes que les sirvieron para cazar el anillo al vuelo en el último tren. Una franquicia con solo dieciocho años de vida fue capaz de conquistar el campeonato, otra prueba más del funcionamiento correcto del sistema en el que se mueve este espectáculo.

Tim Duncan sostenía con una mano el trofeo de campeón de la NBA de 2007 y con la otra abrazaba en felicitación a LeBron James minutos después de que San Antonio Spurs barriera por 4-0 a Cleveland Cavaliers. Fue la final con menor índice de audiencia en la historia de la NBA. «Algún día la liga te pertenecerá.» Era el pronóstico de un veterano a un chico de veintidós años que había conducido a una plantilla complementaria y dependiente hasta el umbral del título de campeón. Hay quien considera a esos Cavs como el peor equipo que jamás haya disputado la eliminatoria definitiva. De las finales que yo he vivido en directo, los Sixers del 2001, los Nets del 2002 y aquellos Cavaliers han sido los de menor nivel. A pesar de esa dura derrota, LeBron no parecía hundido en la frustración, ni siquiera abruptamente incomodado. Se sabía en el camino. LeBron tenía ya experiencia en la reacción y en el remonte después de las críticas. En el primer partido de la final de la conferencia ante los Pistons solo anotó diez puntos. Ya estaba instalado el comentario de que era un jugador sin tiro exterior y que en momentos culminantes expresaba dudas e inseguridades. Pero, una semana después de ese mal inicio de eliminatoria contra Detroit, James decoró su biografía con una de las actuaciones individuales más memorables de la historia moderna de los *playoffs*. Recuerdo que salté y golpeé el sofá con el puño, solo en el salón de casa aquel jueves por la noche. LeBron anotó 29 de los últimos 30 puntos de Cleveland en el partido, consiguió la canasta ganadora y acabó el encuentro con 48 puntos anotados. El adjetivo de «imparable» alcanzó su máximo exponente en las crónicas de aquella noche. Ni el dos ni el tres contra uno del equipo de Flip Saunders fueron capaces de interrumpir el festival de aquel solista.

En algún rato libre he visto algún trozo de un anime japonés dedicado al baloncesto. El juego, como suele pasar en este tipo de dibujos animados nipones con temática deportiva, tiene muy poco que ver con la realidad, pero en la serie *Kuroko no Basket* aparece un personaje que me recordó a lo que hizo LeBron esa noche. Ryōta Kise es un alero de un grupo de jugadores míticos que se hacían llamar «la Generación de los Milagros». Cada miembro del quinteto inicial poseía una habilidad especial diferente y la de Kise se denominaba «la Copia Perfecta». Consistía en la capacidad de asumir como propias las habilidades de otro de los miembros del equipo por un tiempo máximo de cinco minutos, ya que esa personificación le causaba un enorme desgaste físico. Algo así sucedió con James aquella noche de primavera del 2007. Durante unos minutos me dio la impresión de ver reflejado en un único baloncestista lo mejor de muchos otros. Durante casi 18 minutos fue el único Cavalier que lanzó a canasta, con el desgaste físico-mental que ello supone y con la imperiosa necesidad de asimilar muchos conceptos diferentes, romper con la previsibilidad y la obligación de la búsqueda de diferentes maneras de atacar una defensa que se ajustaba constantemente.

LeBron James era para la NBA como el protagonista de *El show de Truman,* nos habíamos convertido en telespectadores del serial que narraba la historia de este chico llamado a ser el mejor jugador del mundo. Fuimos testigos casi en tiempo real de su proceso de aprendizaje y ante tanta excitación nos olvidamos de ese dato crucial, el hecho de que estábamos contemplando sus primeros pasos como profesional. Ante tanto foco y tanta cámara a su alrededor tuvimos la tentación de creer que esa toma era ya la buena. Tenía que crecer delante de cientos de millones de personas que diseccionaron todos sus errores hasta encontrar sus átomos.

El 2006-07 fue el curso del baloncesto europeo en la NBA. Dirk Nowitzki fue elegido MVP de la temporada regular; Tony Parker, de las finales, y Andrea Barnagni salió elegido por Toronto Raptors en el número uno del *draft*. Suena como un chiste: van un alemán, un francés y un italiano a jugar a Estados Unidos y triunfan. Nada extraño era ya en esos tiempos ver a jugadores formados fuera de las universidades americanas acaparando el dominio del juego.

«No quiero ver un vídeo de un base francés de 19 años. Solo lo haría si fuese yugoslavo o compatriota de Nowitzki.» La genial frase la pronunció Gregg Popovich cuando llegaron a San Antonio las primeras imágenes de Tony Parker. Unos años después, Parker, el hijo de un jugador de Chicago y de una modelo holandesa, fue elegido MVP de las finales por delante de Tim Duncan. Casi nada. Con el tiempo y la flexibilidad de Popovich, San Antonio Spurs se convirtió en la mejor casa de acogida para los extranjeros y su estilo de juego en la NBA.

En junio de 2007, los Spurs consiguieron su cuarto título en nueve temporadas. Siguiendo los cuatro partidos de aquella final, el comentario dominante entre la prensa estadounidense especializada era que sería la última oportunidad para aquel conjunto tejano. Seis años después, en el tiempo de escritura de estas líneas, el triángulo Duncan-Parker-Ginobili sigue generando baloncesto incluso para poner al equipo en ocasiones por encima de Miami Heat u Oklahoma City Thunder en la clasificación. San Antonio Spurs es un equipo alejado del glamur, los *highlights*, los mates y el *marketing* dominante que ha sido capaz de luchar contra la monotonía y adaptarse a los tiempos sin negociar con una personalidad propia del Texas profundo. Un equipo de pequeñas cosas que, al contrario de lo que cantaba Serrat, no evocan sonrisas tristes sino más bien una satisfacción prolongada, rara en tiempos donde la alegría aparece y desaparece como fogonazos de faros. El de los Spurs es un sentimiento de larga duración, un ejemplo de huella duradera para el que quiera experimentarla. Ojalá supiéramos madurar y hasta envejecer como los Spurs, llenos, como diría aquel, de orgullo y satisfacción.

CAPÍTULO 7

2008-10. Los anillos de Gasol

«*S*i somos capaces de entender de verdad un problema, la solución aparecerá a continuación, porque la solución no está separada del problema.» Marzo de 2007 corresponde a otra de esas fechas señaladas en las que Kobe Bryant se explayó a gusto en ataque. Entre los días 16 y 25 de aquel mes, sus anotaciones fueron 65, 50, 60, 50 y 43 puntos marcados en cinco victorias consecutivas de su equipo. En el tercer encuentro de esa racha (día 22), los Lakers vencieron solo por dos puntos a Memphis Grizzlies, por entonces uno de los peores equipos de la liga con 17 triunfos y 52 derrotas. Pau Gasol completó un partido excelente sumando 35 puntos y 15 rebotes. Menos de una semana después, ambas franquicias volvieron a enfrentarse en el Staples Center; en aquella ocasión el triunfo fue para la franquicia de Tennessee, también por una canasta de diferencia y con una jugada decisiva del ala-pívot español al taponar un lanzamiento de Bryant. El 29 de marzo, Kobe alcanzó los 53 puntos ante Houston, pero su equipo volvió a perder. Tengo la sospecha de que en ese período de casi dos semanas la estrella angelina encontró la solución después de hallar la verdadera raíz del problema: a pesar de su indiscutible excelencia no podría conseguir más títulos a menos que encontrara un socio que le echara una mano en la tarea. Eso es lo que explica la frase que abre este capítulo, obra del filósofo indio Jiddu Krishnamurti (muy leído por Phil Jackson, por cierto). En la batalla con Shaquille O'Neal por ver quién obtenía más campeonatos, cada uno por su lado, el pívot había demostrado otra vez mejor ubicación al aceptar un papel subordinado al liderazgo de Dwyane Wade en Miami Heat.

Después de la buena anotación del primer partido y la notable defensa ofrecida en el segundo enfrentamiento entre Lakers y Grizzlies, Pau Gasol pasó a ser uno de los favoritos de Bryant y de Kupchak a la hora de buscar un nuevo Robin para Batman. El casting incluyó una entrevista cara a cara en el gimnasio de un conocido hotel de Barcelona tres meses después. Fue un detalle que ya aportaba una pista sobre la trama. Kobe le exigió al dueño de los Lakers, Jerry Buss, fichajes de calidad para poder continuar vistiendo de púrpura y oro, y Gasol ya tenía una reputación importante y un foco lo suficientemente discreto como para llevar en secreto una operación que resultaría, según los Lakers y el propio Phil Jackson, más efectiva que ruidosa. La etapa en Memphis estaba consumida para Pau, el equipo no acababa de arrancar, seguían los problemas de arraigo en la ciudad y ya estaban sonando otros posibles equipos como Boston, Chicago y New Jersey, interesados en el ala-pívot catalán. Como en las películas, Kobe y Pau coincidieron en un gimnasio, pero podría haber sido en una estación de metro abarrotada de gente. El guión forzó el encuentro y la conversación hizo el resto, entre aparatos y mancuernas.

Uno de los libros que Phil Jackson podría haber recomendado perfectamente a algún jugador preparado para asumir su lectura es el de *Ética a Nicómaco*, de Aristóteles. El filósofo griego plantea en esta obra que los seres vivos poseen una serie de características y capacidades propias que los distinguen del resto de los seres. A partir de esta idea, nuestra tarea principal tendría que ser la de alcanzar del modo más pleno posible aquello que nos corresponde. Es decir, ser lo que se es al más alto grado alcanzable. A este concepto le llamó *telos*, el camino para alcanzar ese *telos* era el *ergon*. Si Aristóteles hubiese nacido en el siglo XX y entrenara a un equipo de la NBA les diría a sus jugadores que lo más importante de todo es que cada jugador entienda su función en el equipo y trabaje sin descanso para descubrir ese rol. Ese fue siempre el reto planteado a sus pupilos por parte de Phil Jackson, justo después de haber planificado *telos* y *ergon* colectivos e individuales. En marzo del año 2007, Kobe Bryant descubrió su *telos* y para llegar a él el *ergon* conveniente le ofrecía tener a su lado a uno de los mejores ala-pívots del mundo.

Todo quedó concretado once meses después. El 1 de febrero

del 2008, los Lakers anunciaban la llegada al equipo de Pau Gasol en un traspaso que enviaba los derechos de su hermano Marc a Memphis junto a Kwame Brown y al «pistolero» Javaris Crittenton. A pesar de que ya estábamos más que habituados a la presencia de jugadores españoles en la NBA, este movimiento obligó a la mayor parte de la prensa española a ver las cosas de otra manera. Cada uno de los nuestros era más o menos importante en un radio de acción limitado, pero a partir de ese momento la llegada de Gasol al equipo de baloncesto más glamuroso del planeta lograba que su ámbito de influencia pasara a ser global. Fue otro empujón a la autoestima como aficionado y transmisor. «Mejoraremos mucho con su llegada. Es un jugador de nivel *all star*; puede anotar, rebotear, defender. Entiende muy bien el juego y es muy versátil», decía Kobe. «Es un privilegio jugar al lado de alguien del nivel de Bryant y muy pocos han tenido esa suerte. Con él siempre se aspira a todo», respondía Pau. El romance floreció.

Aquel viernes 1 de febrero recibí una llamada de Arturo Ortega, representante entonces de Pau Gasol, para comunicarme la noticia bomba. A esa llamada se sucedieron otras muchas, con Onda Cero Radio, donde yo colaborara en aquel tiempo, y con mis compañeros y jefes de Canal+. El domingo día 3 viajé junto al cámara Adolpho Canhadas hacia Nueva York para asistir al primer partido de Pau con la camiseta de los Lakers. Sería en New Jersey, ante los Nets, el martes día 5. El sábado había escrito en mi blog de canalplus.es: «Gasol en los Lakers. Recuerdo que una cadena de radio española dio la noticia el pasado día 28 de diciembre. De una broma de Día de los Inocentes a una bomba que puede trastornar más si cabe el seguimiento de la NBA desde España. En la panadería esta mañana un niño de seis años le decía a su padre que Gasol iba a jugar ahora con Kobe Bryant y el padre se extrañaba de que su hijo conociera al número 24 de los Lakers.

Era lo que Pau quería. Ganar la mayor parte de los partidos que juegue (los Lakers llevan 16 victorias más que los Grizzlies), volver a jugar *playoffs*, ganar alguno de esos partidos y aspirar al anillo. Phil Jackson piensa que los Lakers tienen este año una oportunidad. Por eso se arriesga a decidir un tipo de movimiento del que no es muy partidario, el de incorporar jugadores mediada la temporada. Lo hace porque ha visto a su equipo primero del Oeste hace un mes, antes de la lesión de Andrew Bynum, y cree en la opción y visualiza su décimo anillo. Con la llegada de Gasol puede jugar este próximo mes con otro anotador interior, hasta que Bynum se recupere. Cuando este vuelva podrán mezclar para formar un equipo muy complicado de frenar en el Oeste. Hay modelos en la historia de revulsivos de este tipo, algunos exitosos. Los Detroit Pistons lo hicieron hace casi veinte años con el cambio de A. Dantley por Mark Aguirre y lo volvieron a repetir en el 2004 con la llegada de Rasheed Wallace. Lo intentaron el año pasado con la incorporación de Webber pero no les sirvió. Es lo que se llama un *ring trade*. O un *ring motion*. Recuerdo el fichaje de los Bulls de Phil Jackson mediada la temporada en el 97, el malogrado Brian Williams (Bison Dele). Elvis ha muerto. ¡Viva Hollywood!

Entrevisté a Pau el lunes en el hotel Ritz Carlton junto a Central Park. No me llamó la atención su indisimulada ilusión sino la seguridad con la que me dijo que, pese a la mayor competencia interna, él sería *all star* como jugador de los Lakers y que mantendría sus registros estadísticos en esa nueva etapa.

El lunes por la noche actualicé mi blog: «Cruzando Central Park iba la soledad con la luz de la tarde, que cantaba Carlos Cano. Tarde de viento frío y ritmos frenéticos de ardillas y piernas entre las tiendas. Justo enfrente, en el hotel Ritz Carlton se respiraba un ambiente entre clasista, pijo, de queridas y *cocktails* de negocios en el piano bar. Un hotel caro y de postín donde te tienes que salir a la puerta para hablar por teléfono porque no hay cobertura. En esas ahí estaba D. J. M'Benga ligando mientras Kurt Rambis salía de un ascensor marcándole el paso al gran gurú. Phil Jackson está cada día más alto, más cojo y con las piernas más arqueadas. Camina con sombrero elegante y la ayuda de un bastón. Pau Gasol acudió a la cita que habíamos pactado. Llegó junto a John Black, el director de comunicación de los Lakers. Pau confesó que estaba muy cansado después de tres días de no parar y que esta noche intentaría dormir muchas horas para recuperar… Aún no le habían comunicado si sería titular y apenas le han entregado lecciones tácticas sobre el triángulo ofensivo. Me dio la impresión de que relajado y con una cerveza en la mano podría echar pestes de gran parte del vestuario de los Memphis Grizzlies. Hoy es el primer día de una nueva etapa para el principal icono del baloncesto español. Bien rodeado, con aspiraciones, responsabilizado y presionado. La etapa de Pau en los Lakers ofrecerá capítulos apasionantes.»

Phil Jackson empezó a pensar cómo iba a plantear las cosas con la llegada de un jugador que iba a necesitar su porción de balón en el monopolio habitual de la estrella. Desde luego que a todos se nos pasó por la cabeza la idea de que había llegado el momento de que uno de los nuestros luchara por el anillo. La duda era si habría que esperar a la temporada siguiente o habría margen para intentarlo en apenas cuatro meses. Los Lakers, desde la llegada de Pau Gasol, completaron un récord de 27 victorias y 9 derrotas hasta el final de la temporada regular.

«Decir que la rivalidad entre los Celtics y los Lakers representa la angustia racial de un país es un acercamiento al asunto con miras muy cortas. La pugna entre estas dos franquicias lo representa absolutamente todo: etnia, religión, política, matemáticas, la razón por la que no estoy aún casado, la explosión del Challenger, el hombre contra la bestia y todo lo demás. No hay relación que no esté determinada por la lucha de estos dos equipos.» Hablé hace unos capítulos del ensayo de un sociólogo en el que sostenía que los distintos modos de pensar y actuar de un estadounidense quedan determinados según su apoyo a uno de los dos conjuntos con más pedigrí en la historia de la NBA. El hombre en cuestión se llama Chuck Klosterman y según su precepto si eres seguidor de los Celtics no existiría teoría de la conspiración alguna en el asesinato de Kennedy mientras que si eres de los Lakers estarás convencido de que hubo intereses ocultos en el magnicidio. Los fans de Boston llevan en el coche un CD de Eminem y los de los californianos, uno de Ice Cube. Silo existe una cosa en la que ambos estarían de acuerdo: los chistes de Adam Sandler no hay por dónde cogerlos.

Las fechas casan. El mismo verano en el que Pau Gasol y Kobe Bryant acercaban posiciones de cara a la posibilidad de unir sus fuerzas para crear un equipo campeón, Danny Ainge, jugador en aquellos Celtics míticos de los ochenta y en ese momento *general manager* del equipo, hacía trigonometría para incorporar a la plantilla a dos grandes estrellas de la NBA. Buscaba Ainge devolver el aura perdida a la franquicia del trébol. La primera operación fue la llegada de Ray Allen desde Seattle Supersonics y la segunda supuso el traspaso de Kevin Garnett al Garden desde Minnesota Timberwolves, equipo del que por entonces era GM Kevin MacHale, colega de Ainge y aliado de Larry Bird en la época en la que Boston le plantó cara a los Lakers de Magic y Jabbar. Cuantas coincidencias… Allen, KG y Paul Pierce formarían una de las mejores sociedades ilimitadas de la historia de la NBA (el Big Three).

Lo más sorprendente entre tanto movimiento es que no hubiera cambios en la dirección técnica después de dos temporadas desastrosas de Doc Rivers en el banquillo: 33 victorias en 2006 y 24 victorias en 2007. Algo vieron por dentro. En esa última temporada, Bill Simmons, seguidor de los Celtics y ácido comentarista de la ESPN, contó la anécdota que le ocurrió en el segundo partido de la liga regular que se disputó en el Garden. Después de una derrota por 13 puntos ante los Pistons observó cómo dos jóvenes aficionados salían del pabellón coreando a gritos el nombre de Greg Oden, que meses después sería número uno del *draft* de ese año.

A pesar del fiasco, Danny Ainge decidió mantener a Rivers en el puesto y es evidente que su decisión fue la acertada. Al año siguiente, ya con Allen y Garnett en el plantilla, la franquicia obtuvo 42 victorias más que el año previo y se convirtió en uno de los grandes aspirantes para conseguir el anillo. Durante aquella temporada, Rivers decidió introducir el grito de la palabra sudafricana de *Ubuntu* en el corrillo de los jugadores previo a los partidos. No hay un término en español que se pueda acercar a su significado. Podríamos identificar este concepto como el potencial del ser humano para valorar el bien de la comunidad por encima del interés propio. «*Umntu ngumntu ngabanye abantu*» es una expresión en lenguaje xhosa, una de las once lenguas oficiales de Sudáfrica, y su significado es que las personas poseen esa condición a través de otras personas; «soy humano porque pertenezco a una comunidad y puedo ver y tratar a los demás en consecuencia». No sé si sería debido a esta filosofía, pero lo cierto es que durante todos estos años no había visto un equipo con un compromiso colectivo tan elevado y tan complicado de ganar como aquellos Celtics del *Ubuntu*. Doc Rivers, para mí el mejor entrenador de la NBA en la actualidad (siempre que siga apartado Phil Jackson), ha mantenido aquellas constantes durante estos años, pese al gasto del paso de los años en sus jugadores más veteranos. Las tres estrellas de aquellos Celtics siempre estuvieron dispuestas a disolver en beneficio del bien común. La fórmula de las tres estrellas veteranas resultó eficaz y maduró en título en el caso de Boston.

Después de una final con tan poco interés para la audiencia estadounidense como la de San Antonio y Cleveland, David Stern volvía a encontrar un trébol de cuatro hojas con el reencuentro entre estos dos viejos conocidos. No fue mi caso. Un año después de la marcha de Andrés Montes, mi pasado acumulado con la NBA hirvió y rebosó la vasija. Siempre oí que los que trabajan por la noche viven menos años, pero de repente parecieron muchos menos. Patologías relacionadas con el sueño, hernia de hiato (como Larry Brown), hipertiroidismo en niveles peligrosos cuando fue descubierto y desazón y decepción por lo inamovible de mi estatus laboral en Canal+. Mi evolución jerárquica y laboral se había quedado en subidas anuales del IPC durante once años mientras vi cómo, sin luces ni intermitentes (porque era de día y yo dormía), compañeros de inferior categoría laboral me adelantaban y se convertían en nuevos jefes a los que rendir cuentas.

Cuando planteé mi deseo de dejar la NBA con todos estos fundamentos debí resultar convincente. Me aceptaron la salida y me ubicaron en el mejor destino posible: reportero en el programa *Informe Robinson*. Allí disfruté del cambio renovador, de una modélica manera de trabajar, de los reportajes sobre Ricky Rubio, Chicho Sibilio, la escuela cubana de boxeo y el golfista Manuel de los Santos, entre otros. Con respecto a la NBA me quedé de periodista de apoyo sin viajar a los All Star de New Orleans 2008 y Phoenix 2009 y como conductor de la previa para la final del 2008. Después de cubrir en directo doce finales consecutivas corté la racha. Yo, nunca mejor dicho, me lo había buscado. Más difícil de explicar y asumir fue lo de quedarme de conductor de la previa de los partidos de aquella final. La primera final de un jugador español, la primera que me perdía. Ese rincón egoísta del corazón quizá se alegrara de la victoria de los Celtics y gritara también ¡*ubuntu!*

Pau Gasol se había ajustado a la perfección al sistema del triángulo ofensivo. La relación con Kobe era suave como la seda y su entendimiento en la pista cada día iba a más. Pero el equipo estaba inmerso en unos cambios de marea repentinos que nos dejaban a veces sin saber qué pensar. Partidos que parecían dominados acababan por torcerse ante la falta de consistencia del grupo. Esa fue la gran ventaja de los Celtics en aquella final. En ese proceso de cocción apresurado que ambas franquicias habían hecho desde el verano para formar un producto ganador, el de Boston parecía tener elementos de sujeción de mejor calidad. Además de las estrellas referenciales, aparecieron en la final elementos que se convirtieron en importantes para el desenlace. James Posey realizó un gran trabajo defensivo sobre Kobe Bryant, siempre como primer eslabón de una cadena bien engrasada. Pau tuvo momentos brillantes pero en líneas generales Garnett le ganó el duelo individual por bastante margen. El retrato más fidedigno de todas estas influencias quedó dibujado en el sexto encuentro de la serie: en el partido decisivo, los Celtics ganaron por 39 puntos de ventaja (131-92). El primer título de un jugador español en la NBA todavía tendría que esperar unos meses.

Ni siquiera el cambio de *look* de marinero de buque escuela a bucanero consiguió borrar del todo la mala prensa y fama que ha acompañado a Pau desde su llegada a la NBA, hace ya doce años. Que si no es buen defensor, que para su tamaño no se caracteriza por ser un reboteador consistente o que no le gusta el contacto dentro de la zona con jugadores de su tamaño han sido alguno de los reproches, tópicos, que se le han disparado tanto en su etapa en Memphis como en los Lakers. Primero hicieron un juego de palabras con su apellido y le llamaron «Ga-soft» (blando), luego incorporaron el universo Walt Disney para describirle: Winnie the Pooh y Minnie Mouse. Sus prestaciones en la final de 2008 ante los Celtics contribuyeron a extender esta leyenda en cierto sector de la opinión pública. Los hombres altos de Boston mostraron más energía y aquel argumento se le echó en cara durante meses. Ante todo este panorama, la final ante Orlando Magic, liderado por uno de los grandes pívots de la liga como Dwight Howard, acabó siendo el examen definitivo para borrar para siempre (al menos entre los coherentes) la lacra de una reputación de alguna manera caprichosa.

Antes de hablar con algo más de detalle sobre esa serie no quiero dejar pasar algunos apuntes interesantes sobre esa temporada 2008-09. Que el nombre de un jugador aparezca en la lista de récords históricos de la liga coloca una medalla sobre el pecho del afortunado en este imperio de la estadística. La última jornada de liga regular, el 15 de abril, dos españoles lograron entrar en la lista de las plusmarcas de todos los tiempos. José Manuel Calderón consiguió el mejor porcentaje histórico en lanzamientos de tiros libres con un asombroso 98,1% (solo falló tres de los 154 que lanzó a lo largo de la temporada). Y Rudy Fernández se convirtió en el novato con más triples anotados desde 1979, año en el que se instauró el triple en la liga, con 159, marca que ya ha sido superada. El base extremeño siempre ha tenido mejores números que trascendencia en Estados Unidos. No es mala prensa, es olvido. Es evidente que hay jugadores en su posición mucho más propensos al espectáculo que él, pero pocos se le pueden comparar en cuanto a eficacia y seguridad. Estamos ante el recurrente caso en la NBA en el que la opinión que se tiene sobre el individuo está subordinada a lo que su equipo ha sido capaz de conseguir. Estoy convencido de que si los Raptors hubieran alcanzado algún año, por ejemplo, las finales de su conferencia, Calderón hubiera sido *all star*, especialmente en Phoenix 2009. En el caso de Rudy quiero destacar su participación en el concurso de mates. Rudy se metió en el *show* y resultó entrañable y emocionante su recuerdo a Fernando Martín durante el concurso.

Pero sin duda lo mejor estaba por venir. El 14 de junio de 2009, Pau Gasol se convirtió en el primer español que se proclamaba campeón de la NBA. Phil Jackson le apretó con insistencia durante aquella campaña. Descubrió la conveniencia de la presión constante para que Pau sacara lo mejor de sí. Lo hacía en reprimendas más o menos públicas y en la cantidad de minutos que le exigía sobre la pista, incluso en partidos intras-

cendentes. Para Jackson, el concurso alto de Gasol sería funda-
mental en el asalto al anillo. Minutos después de ganar el
quinto encuentro de la final en Orlando, Kurt Rambis, asistente del equipo, hizo unas declaraciones que me llamaron la
atención. Venía a decir que jamás había visto al Maestro Zen
dar tantos gritos y jalear a un jugador tanto como a Gasol esa
temporada. En uno de los ejercicios que los hombres altos hacían durante los entrenamientos, Gasol debía ejecutar un par
de unos contra unos dentro de la zona y luego ir hasta la línea
de tres puntos para hacer tres lanzamientos. «Vamos, a Pau le
gusta esto más, no le va mucho el contacto», le lanzó Jackson
en plan puya. El resultado de todo aquel planchado a presión
dio su fruto en el instante decisivo. Las estadísticas de ESPN
reflejaron que, a lo largo de los cinco partidos de la serie entre
Lakers y Magic, Dwight Howard intentó el uno contra uno con
Gasol en 38 ocasiones… ¡y no anotó en ninguno! Si en la final
de conferencia ante los Cavaliers, Superman Howard tuvo un
promedio de 24,5 puntos, Gasol se lo rebajó en diez en la eliminatoria definitiva.

A esa final sí que acudí, por fortuna, junto a David Carnicero y Nikola Loncar. De parque en parque de atracciones, con
alguna parada y fonda nocturna interesante, como alguna es-
capada a escuchar *reggae* en directo. Desde Orlando viajé con
el productor Pablo Abánades y el cámara Eduardo Iglesias
hasta Los Ángeles a grabar una entrevista con Pau Gasol con
destino exclusivo en Canal+. Fue especial, era una entrevista
distendida de media hora con un campeón de la NBA que aún
estaba madurando las sensaciones.

Dicen que el sabor del primer beso es inigualable, pero en el
caso de Pau Gasol tengo la ligera sospecha de que el segundo
anillo le produjo una sensación más gratificante en el paladar
que el primero. Al fin y al cabo, la final contra Orlando acabó
en cinco partidos, todo lo contrario que el reencuentro con los
Celtics en 2010. Volvía de nuevo la rivalidad histórica, el recuerdo del sexto partido del 2008 con la derrota por 39 puntos,
un séptimo encuentro en el Staples Center y a nivel individual
el desquite contra Garnett y contra las críticas recibidas en su
primera final ante Boston. Todos esos elementos convirtieron
ese segundo campeonato en el momento más gratificante de

Gasol en su trayectoria en la NBA. Desde aquella primera cita con el Big Three, el verde le obsesionaba. En los dos partidos de liga regular de la 2009-10 contra el equipo de Massachusetts, Pau estuvo inmenso. Los Lakers ganaron los dos partidos y en el primero rompieron una racha de diecinueve triunfos consecutivos de los de Doc Rivers. Los angelinos lograron salir airosos de un séptimo partido ante su enemigo íntimo y ET cerró esa herida de la que no paraba de manar sangre verde desde su primera final. Todo un héroe de renta fija. Su frialdad saltó por los aires y afloraron emociones semejantes a la de la final del Mundial de Japón. Sin haber cumplido los treinta años conseguía su segundo anillo de campeón y se convertía definitivamente en leyenda.

Nunca antes en la historia, un equipo de la NBA había logrado ganar un título en el séptimo partido de la final estando por detrás en el marcador al inicio del último cuarto. Fue un nuevo rizo para los tirabuzones competitivos de Phil Jackson, que ganó un undécimo anillo sin dedo correspondiente.

CAPÍTULO 8

2010-12. LeBron: anillo al segundo intento

A Benedict Arnold (1741-1801) se le considera el primero y uno de los más grandes traidores en la historia de Estados Unidos. General del Ejército de las Trece Colonias en la Guerra de Independencia, conspiró contra su país y se pasó al bando inglés por seis mil libras, una pensión anual de trescientos cincuenta y un alto cargo en las tropas del rey Jorge III de Gran Bretaña e Irlanda. Máxima autoridad del fuerte de West Point, el felón puso a disposición del enemigo la fortificación, que era un enclave estratégico para el control del río Hudson y vía principal hasta la zona de Nueva York. Antes de cometer tan vil acción fue descubierto y su infidelidad abortada. De haber tenido éxito, el signo de la guerra y de la historia hubieran sido muy diferentes. De él llegó a decir Benjamin Franklin que era peor que Judas, porque Iscariote solo traicionó a un hombre mientras que Arnold quiso vender a tres millones de personas.

«Este otoño... Esto va a ser muy duro. En este otoño voy a llevar mi talento a South Beach y unirme a Miami Heat. Siento que me va a dar la mejor oportunidad para ganar durante bastantes años. Y no solo ganar durante la liga regular o tres o cinco partidos consecutivos, quiero ganar títulos y estoy capacitado para ello.» El 8 de julio del 2010, a las 21.28 horas en la Costa Este, LeBron James anunció, en un programa emitido por ESPN para todo Estados Unidos, que había decidido fichar por la franquicia de Florida como agente libre, una semana después de haber concluido su contrato con Cleveland Cavaliers, el equipo de su casa, de su estado. El dueño de los Cavs, Dan Gilbert, respondió instantáneamente al anuncio con una carta pública en la que acusaba a LeBron de cruel, cobarde y traidor. A pesar de que ya no había vuelta atrás, Gilbert no retiró de la venta los artículos de merchandising de la estrella de la página oficial de los Cavs. Su idea era incitar a que los seguidores del equipo protestaran ante la huida supuestamente traidora de su ídolo con acciones como, por ejemplo, la de quemar su camiseta. Detrás de ello había un detalle aún más maquiavélico: el precio de los artículos bajó considerablemente. Algunos en concreto pasaron de 99 dólares a una cifra extraña, la de 17 dólares con 41 centavos. ¿Cuál fue la fecha de nacimiento de Benedict Arnold?

«La Decisión» estaba tomada y el impacto de la noticia fue volcánico. La NBA no está demasiado acostumbrada a este tipo de movimientos que cambian la dirección del eje sobre el que gira la liga, especialmente en las formas y tiempos en los que se tomó. Las llegadas de Chamberlain, Jabbar u O'Neal a los Lakers y el cambio en su momento de otro MVP como Moses Malone de Houston a Philadelphia tuvieron trascendencia evidente en sus respectivos tiempos, pero la decencia de los más grandes siempre se ha vinculado con la fidelidad de grandes mitos como Russell, Magic Johnson, Larry Bird y Michael Jordan. El movimiento de LeBron más la llegada de Chris Bosh y la renovación de Dwyane Wade convirtieron a Miami en la gran atracción de la temporada. El anillo pasaba a ser una obligación en South Beach y algún analista se manejó al borde de la enajenación cuando en pretemporada se atrevió a especular con el reto de los Heat de ganar los 82 partidos de la temporada regular. La realidad se alejó bastante de aquella osadía. El verano del 2010 había sido el Rodeo Drive, la milla de oro de los agentes libres, pero la fanfarria derivó en sonajero. Unas vísperas de tanto que se quedaron en días de muy poco. Stoudemire llegó a los Knicks y algún pequeño temblor más sin demasiada importancia dejaron intactas el resto de las estructuras competitivas de la liga.

Yo había tenido también que tomar mi decisión un verano antes, en el 2009. Un cambio de rumbo importante de origen elevado en Canal+ me planteó la conveniencia de regresar a la NBA a tiempo completo. Mi respuesta fue que algo así tenía que implicar: o ascender en la estructura jerárquica del departamento de deportes después de trece años como redactor superior o buscar una alternativa para mejorar mis condiciones.

Yo sabía que la primera opción no se iba a considerar. Llevaban años sin convocarme a una reunión o a la discusión de una decisión que tuviera que ver con algo de índole superior a cualquier dictamen cotidiano o de pura intendencia. El plan B se dirigió al planteamiento de resolver mi contrato indefinido de diecinueve años con la empresa y negociar un compromiso como colaborador externo para un plazo de cuatro años, el tiempo de contrato por el que se renovaron los derechos de la NBA. El proceso negociador fue, para un habitual asalariado por cuenta ajena, de gran duración y desgaste. Dos meses hasta el acuerdo y otros dos o tres meses para flecos definitivos. Por fin identifiqué justamente correspondiente la relación laboral con mi trabajo desempeñado con la NBA durante diecisiete años. Así se fraguó mi compromiso para volver a comentar partidos (tres por semana) y la participación en un magazine semanal hasta el verano del 2013, momento en el que, como José Manuel Calderón, volveré a ser un agente libre. Siento que mi equipo ha sido mejor que Toronto o Detroit, pero veo con más opciones de futuro al base extremeño.

Desde el 9 de diciembre de 1988 al 10 de febrero de 2011 hubo en la NBA un total de 245 cambios de entrenadores (13, por ejemplo, en Los Angeles Clippers). En ninguno de ellos estuvo envuelto Utah Jazz, que durante todo ese tiempo estuvo dirigido por Jerry Sloan. Más de veintidós años de relación entre técnico y franquicia hasta que un buen día ordenó a Deron Williams comenzar un sistema de ataque, pero el base desobedeció y optó por otra jugada. Con ese punto de ebullición se acabó la era Sloan en Salt Lake City, justo después de una fuerte discusión en el vestuario durante el descanso de ese partido. Sloan presentó su dimisión a la mañana siguiente. Todo en esta vida tiene un límite, el éxito y la integridad de las personas depende de saber identificarlo con acierto y resolverlo.

Dirk Nowitzki siempre ha optado por encerrarse en el vestuario en los momentos de mayor carga emocional de su carrera. El hermetismo y la frialdad que se les supone a los alemanes salen a relucir a la hora de buscar refugio en la cueva perfecta, a salvo de miradas extrañas y cámaras indiscretas. Así sucedió, por ejemplo, en el tercer partido de la final del 2006 entre Dallas y Miami, cuando comenzó a dar patadas a una máquina de ejercicios en el vestuario de la cancha de los Heat después de que su equipo perdiera un partido que dominaba por 13 puntos a falta de seis minutos. Esa derrota fue la llave para que los Heat se crecieran, remontaran la final y le ganaran el anillo a los Mavericks de Avery Johnson. De repente, un batallón de revientaglorias le negó la condición de ganador a Nowitzki y hasta Dwyane Wade quiso hacer leña del roble caído: «Los Mavs acabaron perdiendo porque Dirk no actuó en los instantes importantes como el líder que se suponía que era». Cuentan que, cuando los Heat ganaron el sexto partido en Dallas, Nowiztki estuvo encerrado en el sancta sanctórum del equipo hasta las ¡cinco de la madrugada!

Por mucho que el visionario Jason Terry se tatuara el trofeo de campeón de la NBA en su brazo derecho y lo luciera el primer día de pretemporada, casi nadie daba opciones a los Mavericks como aspirantes al título de la Conferencia Oeste, por delante de la dinastía Laker, de los Spurs o de unos emergentes Thunder. Dominaba el escepticismo con un equipo que en los cuatro años que siguieron a la final de 2006 fue eliminado tres veces en primera ronda de *playoffs* pese a completar grandes récords en temporada regular. Nadie se jugaba su dinero por ellos a pesar de acumular once temporadas consecutivas con más de cincuenta victorias, algo que antes solo lograron los Celtics de Russell, los Lakers de Magic y Duncan con los Spurs. El diagnóstico cambió por ventajista cuando Dallas barrió en semifinales de su conferencia a los Lakers de las tres finales seguidas por 4 a 0. Los Mavericks movían el balón en ataque con tiralíneas y convicción de certidumbre. Nowitzki estaba rayando su mejor nivel histórico y Terry se vistió de asesino para rentabilizar la tinta quieta en forma de trofeo bajo su epidermis. Solo Nowitzki y Terry permanecían del equipo que perdió la final del 2006.

En Miami, la temporada del Big Three no había empezado bien. Los talentos desplazados a South Beach parecían aplanados por el sol. El equipo perdió ocho de sus primeros 17 partidos y comenzó a retumbar la percusión de los tambores sonando a amenaza en contra de la dirección del joven entrenador Erik Spoelstra. Los medios especularon por entonces con otro regreso de Pat Riley al banquillo. La típica reunión de solo jugadores después de la octava derrota enderezó el rumbo del equipo hasta el punto de que desde ese momento hasta la final de la NBA Miami Heat acreditó un record de 61 victorias y 20 derrotas, incluidos unos playoffs de la Conferencia Este donde solo cayeron en tres ocasiones.

El diseño de aquella final propició un amplio favoritismo para los Heat y en ese momento no se contó demasiado con las riquezas tácticas de los Mavericks (Carlisle, Casey y Stotts como técnicos de ajedrez) y con el espíritu vengativo de Nowitzki y compañía ante los ramalazos osados y faltones de las estrellas de los Heat. Terry motivaba desde el banquillo a Nowitzki con la frase: «*Remember 06*». Además, desde el último partido de la serie ante los Lakers cada jugador de los Mavericks debía llevar algo negro en señal de luto por la derrota del equipo contrario: «Hoy vamos de funeral», se decían unos a otros antes de cada partido. Un vídeo de LeBron y Wade en el que se mofaban de la supuesta enfermedad del alemán durante el cuarto enfrentamiento de la serie fue la chispa que terminó por desatar el juego y el instinto de Dallas. Es obvio que antes del quinto encuentro se repitieron esas imágenes en los monitores del vestuario de los Mavericks.

La franquicia tejana consiguió su primer título en seis partidos. Nada más ponerse el cronómetro de la temporada a cero, el ala-pívot alemán salió escopetado hacia los vestuarios para encontrar cobijo y dar rienda suelta a sus emociones. Posteriormente nos contaron que el MVP de esta final estuvo un buen rato llorando por lo conseguido. Todavía quedaba un premio más, las palabras con las que Nowitzki denunciaba y reconvenía los reproches hacia él de cinco años atrás y con las que se autoproclamaba todo un campeón.

Si enormes fueron los elogios hacia Nowitzki, de un tamaño aún superior fueron las críticas en aguacero caribeño que le llovieron encima a LeBron James. Solo había anotado 18 puntos entre los últimos cuartos de los seis partidos de la final, y su promedio de anotación bajó en diez puntos por encuentro respecto a los del resto de temporada. Las excusas de Cleveland Cavaliers no tenían visado ni vigencia en el sur de Florida y a LeBron le descargaron encima escopetas enteras de rencor. «Todas las personas que han empujado y han esperado mi fracaso estarán contentos al final del día, pero cuando se despierten mañana se encontrarán con la misma vida del día anterior. Puede que pasen unos pocos días, unos meses o el tiempo que sea siendo felices no solo por mi fracaso sino porque Miami no logró su objetivo, pero no tienen otro remedio que volver a su mundo real, con sus problemas de siempre.» LeBron se ganó con esta frase las pocas enemistadas no captadas anteriormente, pero utilizó la ira y las heridas para su redención como pocos grandes referentes del deporte han podido hacerlo antes, teniendo en cuenta su marca de «elegido» desde los diecisiete años y los tres premios de MVP con los que contaba antes de afrontar el final del camino que le llevó a su primer anillo, en 2012.

Además de su turno de reparto como conductor de una furgoneta de la empresa de transporte de mercancías Fedex, Ed Weiland dedica su tiempo libre a hacer informes de jugadores universitarios con posibilidades de hacer carrera en la NBA. Un día se decidió a elaborar uno sobre un tal Jeremy Lin, un base de origen taiwanés del que decía que era uno de los mejores *playmakers* de entre los elegibles y que podría compararse con referentes como Iverson y Payton a partir de una intrincada estadística que mezclaba rebotes, tapones y robos de balón. Nadie le compró el pronóstico y Weiland ha quedado como un profeta al que la literatura deportiva puede recurrir. Mediada la temporada 2011-12, Jeremy Lin llegó a los Knicks como un temporero y poco tiempo después se convirtió en la sensación mediática de la década, anotando 38 puntos contra los Lakers y siendo elegido mejor jugador de la semana en su conferencia. Un remiendo al que se le resistían los contratos garantizados vio convertidas las camisetas con su nombre en el producto estrella de las tiendas y puestos callejeros de la Gran Manzana, el presidente Obama preguntaba a sus asesores por él, la cadena de pago TNT tenía sus mejores datos de audiencia en veintisiete años explotando el impacto de un jugador que dormía en un sofá en el apartamento de su compañero Landry Fields. Su historia recorrió el mundo; se elaboró una biografía apresurada de un desconocido convertido en héroe con un sueño americano rápido, propio de una siesta. Cuando los Knicks decidieron no igualar la oferta de 25 millones por tres años que los

Houston Rockets le ofrecieron a Lin en el verano del 2012 se desencadenó la vuelta a la normalidad de un fenómeno sin precedentes.

En este repaso que he hecho por los últimos diecisiete años de la liga profesional aparece un personaje capital del que apenas he hablado: David Stern, el sumo pontífice de la NBA. Bajo su papado, que concluirá después de treinta años en febrero de 2014, esta liga se ha convertido en un fenómeno de masas a nivel global. Por justicia, debería incluir su nombre en la lista de agradecimientos por la publicación de este libro. Su gestión, su manera de entender el negocio, su comprensión hacia la cultura del baloncesto y su apertura hacia la idiosincrasia de los jugadores han sido cruciales para mantener esta matriz como patrón cercano y reconocible en cada rincón del planeta. La cercana degustación que hace el aficionado español de un plato otrora tan exótico como la NBA es un fenómeno a estudiar como arma de entretenimiento masivo.

Las últimas curvas de la trayectoria de David Stern fueron las de los 161 días de *lockout* de la temporada 2011-2012. El cuarto cierre patronal de su mandato daría para una buena miniserie en algún canal de pago estadounidense con multitud de personajes reconocibles. El propio Stern y su relación con su segundo y heredero Adam Silver. El complejo binomio Billy Hunter y Derek Fisher en el sindicato de jugadores o la intervención estelar del prestigioso abogado David Boies, que en unos meses pasó de asesorar legalmente a la patronal de la NFL en un conflicto similar a aliarse con su enemigo en ese caso, Jeffrey Kessler, y trabajar juntos por los intereses de los deportistas. Un personaje fascinante. En este enredo, Stern intentó seducir a Fisher para llegar a un acuerdo, Hunter quedó degradado y Boies intentó contrarrestar las presiones del comisionado con una inteligente estrategia que desencadenó la disolución del sindicato: algo así como morir para hacerse más fuerte.

En esta atmósfera tan intrigante se dirimió el cierre patronal hasta que el 8 de diciembre se llegó a un acuerdo que fijó el día de Navidad como fecha de comienzo de la temporada regular, limitada a 66 partidos. Un calendario comprimido y una densidad sin precedentes en la sucesión de esfuerzos de los jugadores. La falta de pretemporada, la baja forma de los jugadores y el ritmo de competición tuvieron sus consecuencias a nivel físico. Douglas Vanderwerken, un estudiante de Estadística de la Universidad de Duke, publicó un interesante análisis en febrero de 2012 en el que demostraba el aumento de las lesiones en lo que se había disputado de liga regular respecto a otras temporadas. Si en la liga regular de 2010 y 2011, con un calendario habitual, se lesionaban una media de 7,3 jugadores por día, el promedio había subido hasta 9 en el 2012. Algunas de ellas fueron determinantes en la temporada o en nuestras emociones, caso de las de Billups, Derrick Rose y Ricky Rubio. La lesión de Rose amputó las opciones de anillo del mejor equipo de la liga regular, Chicago Bulls. De gran favorito a la depresión más absoluta en el United Center.

Lo que sin duda hemos comprobado en todo este recorrido es la capacidad continua de reinventarse que tiene la NBA. Ninguna otra liga podría haber salido con la fuerza y destreza con la que lo hizo tras el fracaso del primer proyecto Heat y el posterior *lockout*. Quién sabe si además, el desenlace del 2012, esa gran espina desclavada y lanzada con rabia a las aguas frente a Watson Island por parte de LeBron James, no haya sido el inicio de una rivalidad épica y duradera. Miami y Oklahoma City, LeBron James y Kevin Durant, pueden sostener en el tiempo algo así como el duelo de Mel Ferrer y Stewart Granger en *Scaramouche*. La actual bonanza y el respeto mutuo entre LeBron y Durant podrían estallar en cualquier momento. Su identificación y unión del lado bueno del proceso que dignifica el baloncesto, algo que les ha llevado incluso a compartir una semana de entrenamientos en verano, podría tambalearse si estos dos conjuntos siguen cruzándose en eliminatorias finales por el título.

Este deporte tiene tantas vertientes que es imposible reducirlo a una ecuación de dos incógnitas por mucho que sean dos de las más grandes individualidades que hayan surgido en los últimos tiempos. Lo que decidió la primera final entre Oklahoma City y Miami fue la aportación de «los otros». Y en esa otra final, Mike Miller y Shane Battier jugaron un papel decisivo por encima de los secundarios de los Thunder. La derrota del equipo de Scott Brooks no dejó prisioneros pero sí damnificados. Su realidad económica de franquicia modesta y mercado pequeño no pudo permitirse un corral de gran factoría y no tuvo espacio para todos los gallos. La decepción del rendimiento de Harden en la final del 2012 lo dejó en la puerta de salida y ahora Durant debe recomponer no solo su carácter y sus concesiones individuales a LeBron sino también los coros que le acompañan.

Mientras tanto, James aún no ha firmado el arrepentimiento de otra de las frases que pronunció en aquella retransmisión en vivo del 2010 con la Decisión: «Nosotros no hemos venido aquí para ganar un campeonato, ni dos, ni tres, ni cuatro, ni cinco, ni seis, ni siete…». Lo que a primera vista no era más que una fanfarronada o un guiño a la osadía, quizá no fue más que un listón concienzudo con el que LeBron no pretendió otra cosa que marcarse como objetivo la corona y el reino de la era moderna de la NBA. Ningún jugador a excepción de los Celtics de los años sesenta ha ganado ocho anillos. Esa cifra le colocaría por encima de Jordan, de Jabbar y hasta de Robert Horry. Un sueño quimérico para LeBron. Un desvelo permanente para el resto de los mortales.

CAPÍTULO 9

Españoles en la NBA

«Se llamaba Jeremías Johnson y cuentan que quería ser un hombre de la montaña. Dicen que era un hombre de gran ingenio y espíritu aventurero. Nadie sabía de donde procedía ni aquello parecía importar a nadie. Era un hombre joven y las leyendas de fantasmas no le asustaban lo más mínimo. Compró todos los artilugios necesarios para vivir en la montaña y se despidió de la vida que pudiera haber en el valle.» Así arranca la película de Sidney Pollack *Las aventuras de Jeremías Johnson*, que protagonizó Robert Redford en 1972. Un hombre con gorra de marinero que se atrevió a dar un cambio brusco en su vida y convertirse en cazador de ciervos, osos y castores. Una sensación más o menos parecida debió de ser la que sintieron los primeros jugadores europeos que pisaron la NBA. Iban a jugar el mismo deporte pero en un mundo completamente diferente y en el que perderían todas las prebendas que obtuvieron en el baloncesto del Viejo Continente para tener que empezar otra vez desde el escalafón más bajo. Jeremías hizo la ruta del valle a las cumbres nevadas sin espejos, nadie antes que él había emprendido el camino hacia el que casi ningún hombre blanco se había dirigido. Eso le convertía en un héroe, en un pionero que luego facilitó las cosas a todos los que le sucedieron en la misma aventura. Así que mi respeto y admiración por todos aquellos que un día se atrevieron a hacer esa ruta desconocida.

El recuerdo que guardo de Fernando Martín, más allá de sus indudables capacidades en la cancha, es el de un tipo decidido, de carácter, valiente, intrépido hasta la osadía y físicamente adelantado a su tiempo. Su figura y su personalidad le llevaron a ser, seguramente junto a Epi, un iniciador en el abanico de posibilidades que se abrían a un deportista de élite en el ámbito de la imagen y la publicidad. Hace veintiséis años ya existía un videojuego con el nombre de Fernando Martín que te facilitaba echarte un uno contra uno con el ídolo de los jóvenes de mi generación. Por cierto que, muy en concordancia con el espíritu competitivo de Martín, sus diseñadores lo programaron de tal manera que era casi imposible ganar a su álter ego, qué digo ganar, ni siquiera pasar del medio del campo cuando te enfrentabas a él en el Spectrum 48k y, claro, cuando el casete quería cargar sin incidentes.

Un deportista del nivel de Martín y de su ambición profesional estaba predestinado a hacer las maletas para probar suerte en la NBA. Si los minutos o las estadísticas fueron escasos es un asunto circunstancial, llegar y actuar allí fue ya todo un triunfo. Sixto Miguel Serrano, compañero de Canal+, viajó como periodista en aquel entonces a Portland para cubrir el debut de Martin con los Blazers. A unos cuantos compañeros de la redacción nos encantaba escuchar el relato de Sixto: cómo dieron la bienvenida en el videomarcador del pabellón a los periodistas españoles que asistieron al partido o el hecho de que Fernando le pidiera que le llevara algo de comida española.

El primero fue Martín, pero aquella generación de la plata de los Juegos del 84 la formaban otros jugadores que podían haber hecho de igual manera el intento. La grandeza de Corbalán o la modernidad para su época de aleros como Epi y Villacampa situaron el baloncesto español en el escalón previo al nivel NBA. Incluso Fernando Romay, como especialista, también hubiera podido tener sus 15 minutos por partido aportando en defensa e intimidación. Alberto Herreros estuvo bastante cerca en dos ocasiones, una con Indiana Pacers y otra con Vancouver Grizzlies. Su conservadurismo o lo que él pudo entender como falta de garantías fue suficiente para mantenerlo en Europa. Durante la final de 1996 yo me quedé en Seattle, pero Andrés viajó hasta Vancouver con un grupo de representación de la prensa española y allí varios dirigentes de los Grizzlies les mostraron sin tapujos sus serias intenciones de contratación de Herreros. La máxima competencia de Herreros en su puesto en la entonces franquicia canadiense era Sam Mack. Andrés siempre repetía que si él estuviera en la piel de Herreros iría desde Torres Blancas (edificio emblemático y vanguardista de Madrid, en avenida de América) hasta el aeropuerto de Barajas de rodillas. Herreros nunca tuvo la curiosidad de probarse, de resolver la incertidumbre de conocer su papel entre los mejores.

Sonny Vaccaro, el puente necesario para que Michael Jordan firmara con Nike y descubridor de otras estrellas como Kobe Bryant o LeBron James, dijo en una ocasión: «Qué diablos importa que no sepáis pronunciar sus apellidos, lo importante es que juegan al baloncesto como los ángeles», referido a los mejores jugadores europeos. La frase comprime todo el recelo que existió durante muchos años a que jugadores de una atmósfera externa respiraran el aire de la NBA. El baloncesto, cómo no, también ha sufrido esa pandemia globalizadora que nos asola y todas las reticencias que reprochaba Vaccaro ya han quedado obsoletas. Hemos sido afortunados por vivir una época en la que un extenso grupo de jugadores españoles han tenido el nivel y el atrevimiento suficientes para aventurarse a jugar en Estados Unidos. Es el gran mérito de la generación que ha abanderado Pau Gasol. Son excepciones los que se han escondido detrás de la cortina a disfrutar de la obra. La mayoría ha querido saltar al escenario y ser partícipe de la función por mucho que solo tuviera una frase en el guión. Lo desconocido ha sido un aliciente para estos hijos de la prosperidad y el buen vivir de la España de los años ochenta. Ninguno de ellos se sentará plácidamente al sol en sus desahogados años de jubilación con la duda o el arrepentimiento. Todos fueron exploradores, conquistadores. Deudores de nuestro particular Jeremías Johnson, el hombre que un día se atrevió a cambiar la gorra de lobo de mar por la de cazador de las nieves. Seguirán llegando españoles a la mejor liga del mundo y siempre recordaremos a Fernando Martín como el hombre que abrió la maleza con el machete, que le dio viabilidad al puente transoceánico. Su aportación en los Blazers fue discreta porque así lo quiso Mike Schuler, pero a Martín le pertenece, como recordó Rudy Fernández enfundándose su camiseta en el concurso de mates del 2009, una parte de los triunfos y las glorias posteriores de los nuestros en la mejor liga del mundo. Es el tributo justo que hay que pagar por ser un hombre joven al que, igual que al protagonista de la película de Pollack, jamás le asustaron las leyendas de fantasmas.

No me voy a detener prácticamente en la figura de Pau Gasol en este capítulo. Gasol ya publicó una biografía hace unos años, mantiene una excelente web oficial y mis opiniones sobre su figura y su carrera son de sobra conocidas. Me he pasado, desde que coincidí con él en la Copa del Rey de Málaga en febrero del 2001, doce años sin parar de hablar y opinar sobre cada uno de sus partidos y sus movimientos. He tenido la fortuna de comentar en directo su debut en la NBA, sus títulos, sus presencias en el *all star* y de poderle entrevistar de manera particular en infinidad de ocasiones. No soy dudoso sobre el que me parece, hasta el momento, el mejor baloncestista español de la historia, un tipo equilibrado y cabal que merece de sobra todo lo logrado. No me precio de ser su amigo, no nos debemos nada y fuera de los compromisos puramente profesionales habré coincidido con él únicamente tres veces, siempre con ocasión de alguna velada en un restaurante. Le agradezco la sensación que recibo del respeto que siempre me ha mostrado por mi trabajo y defiendo con orgullo la independencia de la que siempre he disfrutado a la hora de opinar sobre sus actuaciones. Soy un firme convencido de que si yo no hubiera coincidido con la carrera extraordinaria de Pau Gasol mi desempeño diario laboral, mi productividad y mis ingresos por cuenta de mi trabajo hubieran sido prácticamente los mismos. Tan solo celebro la fortuna que Gasol y el azar me concedieron de poder transmitir sus hazañas durante tantos años.

Nada más ser elegido por Utah Jazz en el puesto número 24 del *draft* de 2001, los periodistas de Salt Lake City se apresuraron en indagar un poco sobre la vida de Raúl López, y lo primero que les llamó la atención es que Vic, su pueblo, era muy conocido por ese embutido al que de inmediato vulgarizaron al compararlo con el ingrediente principal del perrito caliente. «La ciudad es famosa por sus salchichas y otros derivados del cerdo, especialmente el fuet, una fina salchicha curada.» La información sobre Vic en la versión inglesa de la Wikipedia es extensa, así que no sabemos qué fue antes si la llegada de Raúl a Salt Lake City o su historial en la Red, porque también del 2001 data la creación de esta enciclopedia tramposa de Internet.

Para un base de veintiún años ser elegido en la primera ronda del *draft* por parte de la franquicia de la NBA más dependiente de un *playmaker* suponía un honor superlativo. Su reputación subió, lógicamente, por las nubes. La especulación era evidente: ¿veían los Jazz en Raúl López la mejor opción posible para tomar el relevo tranquilo y progresivo del legendario John Stockton? Tenía que ser así. Y el talento efervescente de Raúl nos hacía pensar que podría hacer una larga carrera en la NBA. Sin más vestimenta que su duende baloncestístico, puestos en la báscula los niños de Lisboa que más destacaban por esa capacidad que ya viene registrada en el código de barras, estaban por encima del resto sin duda él y Juan Carlos Navarro. No había error posible, pero el ligamento cruzado anterior de la rodilla derecha crujió dos veces y cercenó la capacidad de juego primigenio de un fuera de serie. El chico del fuet ha seguido ofreciendo muestras de su clase durante años, pero su estilo genuino quedó poco a poco extirpado y regado por aquellos quirófanos por los que tuvo que pasar para remendar tanta maldición con las lesiones de rodilla. Recuerdo unas imágenes que nos llegaron a Canal+ en las que le vimos caminando con ayuda de dos muletas en Salt Lake City después de la segunda lesión, sentándose en una silla colocada a la altura del tiro libre y lanzando tiros para no perder el arraigo dentro del hábitat que más oxígeno permitía de entrada en sus pulmones. Fue el tercer español en jugar en la liga profesional y del que más lamento y añoro lo que pudo haber sido y no fue por capricho del destino. Era carne de NBA, la franquicia en plena reconstrucción le iba a dar minutos de sobra; lo tenía todo a favor, salvo esos dos imprevistos crujidos. Siempre le guardaré cierta estima pese a que nunca ofreciera gran colaboración ni facilidades para poder contar mejor su personalidad y su figura a nuestra audiencia.

Raúl, Calderón, Sergio Rodríguez y Ricky Rubio. Cuatro bases españoles han jugado en la NBA. No hay país europeo que haya contribuido tanto en esa posición del juego y con tanto bagaje, cuando durante mucho tiempo se nos vendió que aquél era un terreno vedado para nuestros bajitos, que allí ese tipo de jugadores se producían y salían de los altos hornos universitarios en cadena y que la superioridad física de los jugadores de raza negra les haría la vida imposible. Pero todos ellos en mayor o menor medida han tenido hueco. La carrera de Mister Catering (como le apodó Montes) da como para colgar su número del Air Canada Center. Ha sido quizás el europeo de mayor rendimiento de entre los que nunca han sido *all star*. Un jugador muy inteligente, de rápida detección de las condiciones de su entorno, consciente de sus cualidades y con la habilidad de saber explotàrlas al cien por cien. Calderón siempre ha sabido encontrar el recoveco por el que colarse para seguir siendo competitivo año tras año en unas condiciones colectivas casi siempre mediocres.

Sergio Rodríguez ha sido uno de los españoles que llegó a la NBA muy joven y con tanta ilusión como desparpajo. Su primer y último problema fue chocar con un miembro activo del Tea Party baloncestístico, el entrenador de los Blazers Nate McMillan. Nunca dudé de la oportunidad de sus cualidades en la NBA, pero la marca de McMillan le quitó muchos minutos y proceso competitivo en años en los que se progresa y se absorbe más, y demasiados intereses creados en franquicias por entonces perdedoras como Kings y Knicks le restaron un repunte en su última temporada. Siempre creí que alcanzaría tarde o temprano el nivel ofrecido en el 2012 y en el 2013 con el Real Madrid. Y para ser justos lo que le quitamos a McMillan se lo podemos poner a Pablo Laso, por supuesto.

A la constante cuestión de si muchos jugadores dejan el baloncesto FIBA para irse a la NBA de manera prematura siempre contesto lo mismo: nunca se sabe. En términos generales creo que si la NBA te abre la puerta es porque puedes estar preparado para acelerar el proceso de tu carrera, sea cual sea. Todos los problemas de adaptación al baloncesto, a la vida y a la sociedad de allí se confunden en muchos casos con precipitación. Todos los españoles que han dado el «sí» al llamamiento de una franquicia lo han hecho con el absoluto convencimiento de que el reloj marcaba la hora exacta, así que no hay error posible. Luego, otros vectores entrarán en juego para emitir el veredicto sobre cómo fue su rendimiento, pero no encuentro motivos para el reproche en la decisión de cada uno a la hora de marcharse.

A Jorge Garbajosa le costó años encontrar su vocación de

cuatro abierto, fue como descubrir a John Travolta en *Pulp Fiction* después de casi estar convencidos de que siempre sería el Tony Manero de *Fiebre del Sábado Noche* o el Danny Zuko de *Grease* para el resto de sus vidas. O descubrir que Alfredo Landa era mucho más gracias a Juan Antonio Bardem o Garci, mucho más de lo ofrecido en el landismo de los sesenta y principios de los setenta. De repente, el ala-pívot Garbajosa se convirtió en un enorme problema para todos los equipos a los que se enfrentaba. No había soluciones para un jugador de alto oficio e inteligencia, un híbrido extraño capaz de bombardear desde la línea de tres, de defender y rebotear bajo su aro como el pívot más infranqueable y de hacer lecturas de juego siempre atinadas.

Su marcha a la NBA fue un caso de justicia divina; tuvo algo de simbólico, de recompensa a la generación previa a la de Pau Gasol que no había tenido nunca la atención mediática de la quinta que le sucedió. Lo hizo en el año de su vida, el 2006, en el que ganó la liga ACB con el Unicaja, fue el MVP de la final, ganó el Mundial de Japón siendo elegido en el quinteto ideal y llegó a diciembre como mejor novato del mes en la Conferencia Este de la NBA. Lo más impactante es que ya en Toronto le vimos dar una vuelta de tuerca más y adaptarse a una posición todavía más alejada del aro y que le obligó a defender a jugadores mucho más pequeños y veloces, la mayoría de físico mucho más explosivo que el suyo, sin desentonar lo más mínimo. Era la temporada que estaba predestinada para ser la mejor de la última década en los Raptors. Tras su dramática lesión, el equipo nunca fue el mismo ni el desenlace en los *playoffs* fue el esperado. En febrero del 2007 nos acompañó en una de las retransmisiones del Fin de Semana de las Estrellas desde Las Vegas y compartimos una cena magnífica con él, su mujer, Ainhoa, y Sergio Rodríguez. Precisamente por aquel magnífico trato con Garbajosa no pudimos entender cómo diez meses después, con ocasión de un viaje a Toronto para retransmitir un Raptors-Grizzlies, asistimos a la sesión de tiro por la mañana del día de partido y cuando Jorge Garbajosa nos vio desapareció raudo hacia el vestuario y se las arregló para no atendernos en todo el viaje. Aquel asunto turbio de su lesión, el seguro, su participación en el Eurobasket de España 2007, la necrosis y la posterior rescisión del contrato con los Raptors nos dejó sin una simple e inocente entrevista.

De todos estos años comentando la NBA, una de las grandes frustraciones profesionales ha sido la de no haber podido narrar más y mejores gestas de Juan Carlos Navarro en Estados Unidos. Sobre todo porque fue drafteado por mi equipo de toda la vida, Washington Wizards, y porque de haberse marchado inmediatamente ese primer año hubiese coincidido en la pista con Michael Jordan. ¿Nadie en la franquicia se dio cuenta de que un talento como ese merecía ir a buscarlo desde la capital hasta Barcelona a golpe de remo? Navarro fue víctima de la firma de una extensión de contrato con Joan Laporta en el 2003, nada más ganar la Euroliga con unas cláusulas, digamos, muy favorables al Barcelona e imposibles de rescindir en el caso de huida a la NBA. Su error fue el de firmar, con veintitrés años, algo así, por muy convencido que estuviera de que la NBA no aparecía en sus sueños ni prioridades. La hipoteca de aquel contrato se extendió sine die y le cerró todas las oportunidades de alargar su carrera NBA después de una temporada en los Grizzlies muy meritoria. Los meses que pasó en Memphis, de poco grato recuerdo para su mujer, Vanesa, y para su hija mayor, Lucía, le sirvieron para ratificar que podía pertenecer a aquella liga, pero no hicieron justicia con el mejor exterior europeo de la última década.

Durante el tiempo que se prolongó el *lockout* de la temporada 98-99 volví a trabajar unos meses para *El Día Después*. Recuerdo que uno de los vídeos que elaboré en ese periodo fue sobre el brasileño Juninho. Por su semejanza con el nombre del futbolista elegí la canción de Los Secretos *Volver a ser un niño*. Michael Robinson, al que lógicamente no se podía pedir un amplio conocimiento de la música pop española, se acercó y me preguntó que cómo había encontrado un tema musical en el que se nombraba a Juninho. La idea de aquel reportaje era reflejar la necesidad que tenía el Atlético de Madrid de recuperar la mejor versión del futbolista para devolver la sonrisa al equipo. Me viene esto ahora a la cabeza porque hubiera elegido la misma banda sonora para explicar la marcha de Ricky Rubio a la NBA y el impacto inmediato en los Timberwolves. Su etapa final en el Barcelona había abierto un debate simplista y torticero sobre si su proyección se había estancado y se tiró de mortero para machacar insistentemente sobre el asunto de su falta de acierto y confianza con el tiro exterior. El problema era otro: Ricky había dejado de ser un repentista. Así se les llama en Cuba a los poetas de la improvisación que bajo el ritmo musical del punto cubano o punto guajiro se hicieron muy populares en el interior de la isla. El baloncesto de Ricky tiene poco de sistémico y más de invención natural, todo parte de versos que va creando a medida que el juego transcurre. La marcha a Estados Unidos resultó una pequeña liberación, un reseteo y un regreso a esas rimas libertinas de las que tanto habíamos disfrutado en los años álgidos de su eclosión adolescente. A miles de kilómetros de distancia llegó el momento para liberarse de presión sobre su tiro y para recuperar la diversión.

Antes del quinto partido de la final de 2012, David Stern nos concedió una entrevista a los enviados especiales del Plus. La sensación que nos dejó el comisionado es que la NBA ya tenía apuntado el nombre de Ricky Rubio en la lista de los grandes animadores de la competición para el momento en el que las estrellas de esta generación comiencen a cerrar su taquilla para siempre. El impacto que causó su lesión en Minnesota, teniendo en cuenta su condición de novato y que solo había disputado 41 partidos, fue devastador. Un equipo que parecía flechado hacia los *playoffs* sufrió un volantazo en el momento en que su rodilla hizo ese mal movimiento contra Kobe Bryant. Ricky es presente y futuro de los Timberwolves y de la NBA, un capital incalculable para esa franquicia.

Lo contrario sucedió con Rudy Fernández. Cierto es que le recibieron en el aeropuerto de Portland como a una gran estrella del *rock*, con el recuerdo en la memoria colectiva de su mate contra Dwight Howard en los Juegos Olímpicos de Pekín. Pero enseguida Nate McMillan le puso la etiqueta de tirador especialista y obvió el resto de sus capacidades. Rudy, en acto reflejo y de supervivencia, trató de mejorar su tiro y le restó práctica a otras variantes del juego. Por su físico, el mallorquín puede ofrecer una capacidad defensiva enorme que nadie en su etapa en Portland se atrevió a explorar. Paul Allen, el dueño de la franquicia, se había encaprichado de Rudy y por contagio una gran parte del público del Rose Garden. Sin embargo, siempre dio la impresión de que McMillan aceptó su llegada al equipo como un proyecto impuesto desde arriba y siempre anduvo corto de fe y de confianza en sus capacidades. La trayectoria en Portland de Rudy, con ciertos puntos álgidos en su primera temporada, derivó en encorsetado. Varias lesiones posteriores tampoco ayudaron y, pese a que Rudy jugó más de doscientos partidos con los Blazers y lo volvió a intentar en Denver, el *lockout* del 2011 y una gran oferta del Real Madrid clausuraron su carrera NBA.

Marc Gasol era otro caso cantado si no nos hubiéramos fiado demasiado de desconfianzas y tópicos diversos. Le conocí de adolescente en Philadelphia, en febrero del 2002. Listo, rápido de mente y aunque pasado de peso ya enseñó una muñeca privilegiada en un partido que se celebró entre periodistas. El vínculo genético, la lírica creacionista de Agustí y Marisa daba para un gran relato que se sugería real. El ideario Montes, inconcebible sin la gastronomía, la música y el cine, tocaba en ocasiones el asunto de las alcachofas de Sant Boi, pero nos anunció con seriedad la candidatura a estrella de Marc desde el escaparate del Mundial de Japón 2006. Un cordón umbilical conectó también las carreras de Marc y Pau cuando estuvieron involucrados en el traspaso que marcó a fuego sus carreras. La llegada del hermano mayor a los Lakers se hizo con el traspaso de los derechos de Marc a la familiar Memphis en febrero de 2008. Diez meses después, el mediano de los Gasol debutó en los Grizzlies con un dato que no debe pasar desapercibido para situar su impacto: ha sido el único español hasta la fecha en ser titular en su primer partido en la NBA. Ha jugado *playoffs*, ha sido *all star* y cuenta con la reputación de ser uno de los mejores pívots de la liga. Y siempre bien visto, bien mirado y admirado por rivales y por la prensa especializada estadounidense, mejor que en el caso de su hermano Pau.

Serge Ibaka es incapaz de tocar aún el techo de su carrera a pesar de poseer brazos como aspas de molino. Es un jugador que después de haber sido el máximo taponador, y haber jugado una final de la NBA y haber disputado una final olímpica todavía está localizado en una etapa de aprendizaje. Su explosión fue rápida y violenta, con un hambre profesional poco vista en estos tiempos. Nunca tuve dudas en cuanto a su adaptación al país porque su biografía le ha hecho crear una mentalidad cosmopolita y abierta a las mudanzas continuas. Es un jugador que se pasa el día pensando qué es lo que debe hacer en la pista cuando le toca participar en un juego y una liga que deja muy poco tiempo para pensar.

CAPÍTULO 10

Crónica negra

Cruz de navajas

*I*magino que para ser finales de septiembre aún no habría necesidad de salir a la calle con una chaqueta de cuero a no ser que un frente frío amenazara la costa de Massachusetts desde Maine. El caso es que Paul Pierce decidió presentarse en una fiesta en el Buzz Club de Boston con esa prenda recién salida del armario, en el cuarto día del otoño del año 2000. Un deportista ya famoso en la ciudad, un californiano elegante. Un par de horas más tarde, los doctores que le atendieron después de ser apuñalado once veces (pecho, cara, espalda y cuello) en el transcurso de la refriega nocturna aseguraron que la chaqueta le había salvado la vida, evitando que las heridas fueran más profundas. Una de las incisiones quedó a centímetros del corazón. Tony Battie, por entonces compañero de equipo en los Celtics y ahora feliz jugador retirado residente en Orlando, y su hermano Derrick trasladaron en coche a Pierce a toda velocidad a un hospital cercano, cubierto completamente de sangre, una rápida reacción que resultó providencial para evitar un desenlace fatal.

William Rangland fue detenido poco tiempo después como autor del apuñalamiento. Otro de los agresores, Trevor Wilson, también fue detenido. Ambos estaban relacionados con un grupo de rap, los Made Men, más famosos por sus delitos que por sus éxitos. Todo comenzó por una conversación entre el jugador de los Celtics y dos chicas, una de las cuales era prima de Rangland: «Que se joda ese negro, todas esas malditas rameras. Soy el único hombre por aquí. Que se jodan esas rameras. Que se joda Paul Pierce», gritó mientras iba al baño a limpiarse las manos de la sangre de una futura estrella de la NBA. El traslado de Pierce a urgencias fue dramático: «¿Voy a vivir?», «¿Voy a vivir?», preguntaba a Battie y a su hermano durante el trayecto. Lo que más nos sorprendió fue que Pierce llegara a tiempo a la pretemporada de Rick Pitino y al inicio oficial de la campaña. Treinta y seis días después de la agresión, el alero de los Celtics anotó 28 puntos en la victoria de su equipo ante Detroit en el primer partido de la temporada.

Una bala en el gemelo

Otro incidente sorprendente por el capricho del azar y la poca afectación que tuvo en la carrera de su protagonista fue el del entonces jugador de los Houston Rockets Carl Landry. Una noche cualquiera de temporada, el ala-pívot acabó en el hospital debido a una bala que impactó en el gemelo de su pierna izquierda. Después de una victoria en New Orleans, el 17 de marzo de 2009, la expedición de los Rockets llegó a Houston cerca de la una de la madrugada. Landry cogió su coche en el aeropuerto y fue a comer algo. A las 02.30 de la madrugada otro vehículo impactó contra el suyo en dos ocasiones. El ala-pívot no sufrió daño alguno por la colisión y salió de su todoterreno para comprobar los desperfectos en el momento en el que recibió un disparo en la pierna efectuado desde menos de diez metros de distancia. Landry huyó corriendo a lo largo de seis manzanas para acabar escondiéndose entre una casa y una valla metálica, con la pierna ensangrentada. Llamó al timbre de varias viviendas hasta que alguien le abrió y avisó a la policía. Dos semanas después del incidente, Landry regresó a los entrenamientos y justo tres semanas después volvió a jugar en un partido contra los Orlando Magic. Landry anotó su primer tiro, en suspensión desde la línea de tiros libres, con más puntería de la que tuvo su agresor veinte días antes.

Diamantes de sangre

Mucha más sangre es la que sacrifican miles de personas inocentes para que los señores de la guerra africanos se hagan ricos con el comercio del oro y de piedras preciosas. En una historia así de repulsiva y vergonzante se vio envuelto el que fuera ocho veces *all star* Dikembe Mutombo en 2010, según aireó una investigación promovida por Naciones Unidas. El informe describió con detalles que el congoleño sirvió como intermediario entre Kase Lawal, director general de una compañía energética de Houston, y Carlos Saint Mary, comerciante de diamantes. En este oscuro asunto también aparece envuelto Bosco Ntaganda, comandante de un ejército guerrillero de la República Demócrática del Congo, acusado de crímenes de guerra. Mutumbo reunió en un hotel de Nueva York a los dos primeros y presentó su idea en un *powerpoint* (que fue publicado por algún periódico) en el que explicaba las líneas maestras del plan para traer el oro a Estados Unidos. La oferta era aportar diez millones de dólares que podrían convertirse a la larga en 20 o 30 si más de cuatro toneladas del metal precioso conseguían salir de Kenia y eran vendidas en el mercado internacional. El ochenta por ciento del oro que sale del Congo lo hace de forma ilegal. La mayor parte de los países tienen una legislación muy severa en cuanto al comercio con minerales de zonas en conflicto y solo se puede hacer transacciones con ellos si se aporta una minuciosa documentación en la que se demuestra que la mercancía ha salido del país por vía legal. Sin embargo, Dubái, el mayor mercado del mundo del oro, es el paraíso de los piratas de este negocio puesto que no hay traba alguna y se puede negociar a salvo de papeleos.

Según la ONU, el oro procedía de la región de Goma, en el este del Congo. En septiembre de 2010, el presidente Joseph Kabila impuso una prohibición nacional de las exportaciones de minerales de las provincias orientales del Congo, zona de los llamados «minerales de conflicto», recursos naturales que sirven para financiar a las milicias militares que operan en el territorio. Lawal ofreció su *jet* privado para volar hasta África y hacerse con el oro, pero la intervención del Ejército congoleño evitó el negocio.

Sin tapujos

La llamada de una mujer a la policía de Oklahoma alertó de un hombre en plena práctica onanista en un lugar público. El individuo en cuestión era Byron Houston, exjugador de la NBA que tuvo un par de apariciones en España por León y Badalona. En el Joventut fue despedido después de jugar solo doce partidos. Aunque la razón oficial se maquilló con el genérico «motivos personales», al parecer Houston solía pasear desnudo por el barrio en el que residía y repetía habitualmente ese tipo de prácticas. Houston fue un jugador al que bautizaron como el nuevo Charles Barkley por coincidir en su complexión física con la estrella, pero se quedó a años luz de su nivel. Aquel incidente le costó una pena de cuatro años de prisión por reincidencia en el delito en plena calle. Un par de años antes había sido expulsado de un campus de baloncesto para niños por sus antecedentes en delitos sexuales. Un informe psicológico le diagnosticó trastorno bipolar.

Made in Cincinnati

Richard Harris fue un hombre llamado caballo, Robert Redford creó una película de casi tres horas a base de susurrarles y Art Long, al parecer, fue capaz de derribar a uno de ellos de un puñetazo. Bueno, de cuatro. En la edición del 4 de mayo de 1995 del *Willmington Morning Star*, junto a una noticia en la que se informa de que un tal Lance Armstrong, de Austin, Texas, seguía líder del Tour de DuPont, apareció un titular extraño: «Duro partido de caballo». El oficial de policía Blair Baker hacía patrulla cerca del campus universitario montado en un equino llamado Cody cuando dos estudiantes y miembros del equipo de baloncesto de Cincinnati, a bordo de un coche, comenzaron a mofarse del miembro de las fuerzas del orden. El guardia les dio el alto y en ese momento a uno de los tripulantes del vehículo no se le ocurrió otra cosa que golpear al pobre animal. El agresor fue Art Long, años más tarde temporero del TAU que, en medio de un entrenamiento a las órdenes de Dusko Ivanović, pidió unas hamburguesas porque se había quedado sin fuerzas. Su compañero Danny Fortson también fue arrestado por lanzar improperios contra el policía. Un «carpanta» de los rebotes como le calificaría Andrés, pero también un habitual de las técnicas y las flagrantes. En una ocasión, jugando contra Shaquille O'Neal, acabó a golpes porque según su versión Shaq le decía que estaba jugando contra una leyenda y él le contestó que entonces iba a intentar hacerse famoso. La NBA en otra ocasión le multó con 200.000 dólares por llamar gánster a Stu Jackson, vicepresidente de operaciones de la liga.

Producto de la Universidad de Cincinnati también fueron Dontonio Wingfield y Rubén Patterson. Wingfield, un jugador que pasó por Portland, Seattle y por el Baloncesto León, rompió una mesa en casa de su novia durante una disputa doméstica. Cuando apareció la policía en el domicilio, Wingfield atacó a uno de los agentes y le fracturó un dedo. Patterson, que jugó ocho años en la NBA, fue acusado de intentar violar a la niñera de sus hijos.

Otro pívot de Cincinnati, Donald Little, que compartió vestuario en aquel equipo con jugadores como Dermarr Johnson, Steve Logan, Kenyon Martin, Jason Maxiell y Pete Mickael, fue arrestado en su último año universitario. Su delito fue golpear con una botella de whisky en la cabeza a su compañero de habitación y posteriormente atarlo a una silla y ocasionarle varias quemaduras con cigarrillos y una percha incandescente. Posteriormente ha jugado como profesional en Japón, Ecuador, Malasia, Singapur, México y Bahrein.

El siguiente a Pau Gasol

Una vez fue considerado por 104 expertos como el peor jugador de la NBA, por detrás incluso de novatos que no habían disputado ni un minuto en la liga. Y no fue ni mucho menos la peor noticia en la carrera de Eddy Curry en la NBA. La biografía del jugador que fue elegido en el número cuatro del *draft* del 2001, justo después de Pau Gasol, ha sido una de las más crudas que ha conocido el deporte americano en los últimos tiempos. Curry es uno de los mejores exponentes del *baby-boom* de principios de siglo, cuando se extendió de modo exagerado la elección de jugadores de dieciocho años que no habían pasado por la universidad. Su carrera reúne una cadena de sucesos terribles, relacionados con aspectos tan sensibles como la familia o la salud, o episodios turbios en los que se pone en cuestión el estudio personal o psicológico que puedan realizar las franquicias a la hora de elegir a estos jugadores.

De lo poco reseñable de Isaiah Thomas en su etapa como entrenador de los Knicks fue el modo de extraer algo del potencial baloncestístico que se suponía atesoraba este pívot. Esa fue la excepción de una trayectoria más bien árida con problemas de sobrepeso, denuncias de falta de profesionalidad y un choque con Mike d'Antoni del que se llevó la peor parte. Todo ello debe ir acompañado por una extensísima nota a pie de página por todo lo acontecido en su vida personal. Primero, el diagnóstico de un problema cardíaco congénito que forzó su traspaso a Nueva York desde Chicago al negarse a ser sometido a un test que determinase con exactitud el origen de su dolencia. Pero, sin duda, el asesinato de su exnovia y de la hija del propio Curry, a principios del 2009, tatúa a fuego su historia, con el agravante de que otro hijo de Curry, de tres años, fue testigo de todo lo ocurrido. La escena que dibuja la familia al encontrar los cadáveres es dantesca: un niño rodeado de muerte dentro de una bañera de sangre. Dos semanas antes del crimen, Curry fue denunciado por su chófer por trato vejatorio y acoso sexual, acusándole de entrar desnudo en el coche, apuntarle con una pistola, proferirle insultos racistas y lanzarle toallas que supuestamente Curry había ensuciado previamente en actos de índole sexual. Desde entonces, la carrera de Curry fue inclinándose como la Torre de Pisa, a pesar de sus intentos de reconversión. Al menos, cuenta con el consuelo de tener un anillo de campeón al formar parte de la plantilla de Miami Heat en el 2012, a pesar de no haber disputado ni un solo minuto durante todos los *playoffs*. Posteriormente volvió a jugar con los Bulls, pero con los de Zhejiang, un equipo de la liga profesional china.

Only you *Williams*

La muerte de Brian Williams (Bison Dele) fue tan extraña como su vida. Estamos ante un personaje que padeció recurrentes depresiones, adicto a las pastillas para dormir y que tuvo que someterse a un tratamiento psiquiátrico. Un pívot campeón con los Bulls en 1997, hijo de uno de los componentes de The Platters, practicante de paracaidismo, piloto de aviación con licencia y corredor un año de los Sanfermines en la calle de la Estafeta, en Pamplona. Cuando su trayectoria profesional en el baloncesto estaba en el momento cumbre renunció a un contrato de 30 millones de dólares con Detroit Pistons para trasladarse a Beirut con la idea de montar una planta depuradora de agua. Se cambió de nombre como homenaje a los antepasados indios nativos americanos de su familia y al último pariente esclavo de su madre.

En julio de 2002 Dele, su novia y un capitán de barco francés fueron asesinados a tiros por el hermano del exjugador durante un viaje en una embarcación alrededor de Tahití. Primero se les dio por desaparecidos, pero las investigaciones empezaron a desanudar el misterio días después al hallarse el catamarán en el puerto tahitiano de Taravao. Bien camuflado, con una capa de pintura reciente y con el nombre de *Aria Bella* en su casco en lugar del nombre original de *Hakuna Matata* con el que lo había bautizado el exjugador de la NBA. Varios testigos reconocieron a su hermano Kevin como el hombre que atracó el barco en el muelle, sin más pasajeros a bordo. Un encargado de una tienda de reparación de embarcaciones y otro de una gasolinera también le señalaron como el único tripulante. Un mes después de aquello, un hombre que se hizo pasar por Dele intentó comprar 152.000 dólares en monedas de oro, pero el banco sospechó de la firma. Otro de los grandes enigmas de la historia es cómo la policía dejó escapar al fratricida cuando ya había más de una evidencia en su contra y en el momento del interrogatorio portaba las tarjetas de crédito de su hermano desaparecido. Patricia Phillips, la madre de Dele, recibió varias llamadas de su hijo homicida: «Necesito que me creas. Yo no haría daño a mi hermano. Necesito saber que me quieres antes de que muera. No puedo ir a prisión, no lo soportaría. Nadie va a creer mi historia». Kevin acabó suicidándose en septiembre de ese mismo año después de inyectarse una sobredosis de insulina. Tiempo después se supo que era adicto al alcohol y a las drogas y que esas dependencias le provocaban reacciones agresivas con cierta frecuencia.

Todavía Rodney Rogers

Sobre la mesita de café del salón de la casa del exjugador de la NBA Rodney Rogers siempre se encuentra el mismo libro, *Todavía yo,* de Christopher Reeve. El intérprete de *Superman* dictó un texto ya minusválido después de fracturarse las dos primeras vértebras cervicales al caerse de un caballo en una competición de salto de obstáculos. Sólo mantuvo la movilidad en los dedos de su mano izquierda. El título de la obra procede de una frase que le dijo su esposa cuando el artista le sugirió que la mejor opción era el suicidio: «Te amo, todavía sigues siendo tú». En noviembre de 2008, Rogers tuvo un grave accidente mientras practicaba *motocross* que le ha dejado paralizado de cuello para abajo. Fue el día después de Acción de Gracias y unas horas antes de llevar a su hijo a un partido. Rogers llevaba todo el equipo de protección necesario salvo el collarín del cuello, un error fatal puesto que nada más salirse de la curva e impactar contra el suelo fue consciente de que se lo había roto.

Aunque los médicos pudieron salvarle la vida tras una complicada intervención que le dejó en tres ocasiones al borde de la muerte, las posibilidades de que volviera a caminar quedaron reducidas a un 5% y actualmente todavía respira gracias a un tubo endotraqueal que le insufla el oxígeno. Sus pulmones no funcionan por sí solos. «Es duro porque no puedo hacer nada sin ayuda. Tengo que esperar que alguien me ayude a bañarme, vestirme, ponerme en la silla de ruedas. Te cansas de ir de la silla de ruedas a la cama y de la cama a la silla de ruedas, eso es lo único que puedes hacer.» Otra de las lecturas que siempre acompaña al que fuera mejor sexto hombre de la temporada en el año 2000 es un poema escrito por una de sus cuidadoras. El exjugador necesita atención las veinticuatro horas del día: el coste en enfermeras es de sesenta mil dólares al mes, la silla de ruedas cuesta más de ochenta mil, y a eso hay que añadir medicamentos, rehabilitación, transporte para discapacitados y otros servicios. A la tragedia que supone un accidente de este tipo hay que sumarle la pesadilla económica.

Alitas de pollo

La llegada de Pau Gasol a Memphis en el año 2001 nos obligó a todos los periodistas que seguíamos a la estrella de Sant Boi a prestar bastante atención a todo lo que se movía alrededor de los Grizzlies. Conocimos, por ejemplo, a Lorenzen Wright, un pívot fuerte de 2,07 metros de estatura que venía de hacer una muy buena temporada en los Atlanta Hawks y que puso a prueba desde el primer día la dureza del jugador catalán durante sus primeros entrenamientos en Estados Unidos. Nacido en Memphis, leí de él que era dueño de un restaurante especializado en alitas de pollo y de ahí, faltaría más, sacó Andrés su mote: «*Alitas de pollo* Wright». De esa manera la noticia de su muerte en el verano de 2010 me causó un gran impacto y me refrescó el recuerdo de Montes. A día de hoy poco o muy poco se sabe de las circunstancias de su muerte. La última vez que se le vio con vida fue saliendo de la casa de su exmujer y dos semanas después se encontró su cadáver en un bosque cercano a Memphis con cinco impactos de bala.

El día 18 de julio, Lorenzen dejó la vivienda de Sherra llevando dinero encima y una caja en la que podría llevar algún tipo de sustancia estupefaciente. Antes de marcharse, Sherra escuchó una conversación telefónica en la que su ex marido habló con alguien sobre cerrar un negocio por cien mil dólares. Cuando finalizó la conversación telefónica se despidió y se marchó en coche junto a una persona a la que no pudo identificar. A la mañana siguiente, la policía del barrio de Germantown recibió una llamada del móvil de Wright, en la que se oyeron disparos antes de que se cortara la comunicación. Este es el punto que la familia del jugador no se explica, cómo es posible que nadie alertara de esta llamada o se pusiera a investigar sobre el asunto, ya que no fue hasta el momento en el que una de sus hermanas puso la denuncia de desaparición cuando se supo de esa llamada. La policía encontró su cuerpo diez días después de la desaparición en estado de descomposición. La autopsia mostró fragmentos de bala en el cráneo, el pecho y el antebrazo derecho, y se trataba de casquillos de bala de diferentes calibres, por lo que todo apuntaba a que fueran dos personas diferentes los autores de los disparos. La hipótesis más fiable es que algún trato o trapicheo con el entorno de la banda de uno de los mayores traficantes de droga de Memphis, Craig Petties, fuera el móvil de su asesinato.

Juguete roto

La impresión que queda pasados todos estos años es que el caso del ya desaparecido Eddie Griffin representa el claro ejemplo de jugador joven que llegó a la NBA sin estar preparado para dar el salto. A los diecinueve años, después de jugar solo un año en la Universidad de Seton Hall, Griffin decidió declararse elegible para el *draft*. A pesar de ciertos problemas en el instituto como consecuencia de una pelea o de que en la universidad se liara también a puñetazos con un compañero de equipo por no pasarle el balón tras una derrota frente a Georgetown, sus 17 puntos, 10 rebotes y 4,4 tapones por partido se convirtieron en el mejor atenuante de sus tropiezos disciplinarios. Con esos merecimientos fue elegido en el puesto número 7 del *draft* del 2001 por New Jersey Nets, aunque sus derechos fueron enseguida transferidos a Houston Rockets. Además del tutelaje obligatorio en el curso de orientación que la NBA exige a sus novatos, la franquicia tejana le puso a su disposición a una empleada que le ayudó con detalles tan primarios como aprender a abrir una cuenta corriente. También, un agente inmobiliario contratado por el equipo le asesoró a la hora de elegir su nueva vivienda. Todas las precauciones que se tomaron sirvieron de muy poco. La reputación de Griffin como buen defensor e intimidador se vio superada por la larga lista de entrenamientos a los que llegó tarde o el incidente del retraso para coger el vuelo que llevó a los Rockets a Sacramento para un partido contra los Kings.

Muchas de estas indisciplinas venían dadas por su adicción al alcohol, evidente ya en sus primeros meses en la NBA. Houston optó por despedirlo ante la evidencia de que ningún equipo estaba interesado en recibirlo en un traspaso. Aun así, encontró una segunda oportunidad en los Nets, el equipo que lo había drafteado originalmente. Nunca jugó con los Nets y poco tiempo después se vio obligado a ingresar en una clínica de desintoxicación por adicción a las drogas y por depresión.

Antes de aquello, a finales de enero del 2004, hubo una llamada a la policía, a las siete de la mañana, desde el hotel Renaissance de East Rutherford, donde Griffin se hospedaba en New Jersey. Un huésped declaró que Griffin llamó con insistencia a la puerta de su habitación, al parecer buscando a un grupo de mujeres a las que había conocido en una boda celebrada en el propio hotel. Esa fue la versión inicial ofrecida por los Nets. Posteriormente se descubrió que la puerta que Griffin aporreó fue la de la suite nupcial y que acabó a golpes con el novio después de haber consumido veintidós bebidas alcohólicas en su propia habitación.

Hubo una tercera oportunidad para Eddie Griffin cuando los Timberwolves confiaron en que la tutela de Kevin McHale y su apadrinamiento por Kevin Garnett dieran resultado. Nada que hacer: accidentes de coche, agresiones a mujeres y quebranto de la libertad condicional, que acabaron con la paciencia de la directiva de Minnesota y provocaron su despido en marzo de 2006. El 17 de agosto de 2007, en la noche de Houston, se saltó la luz roja de un paso nivel, se llevó por delante la barrera con su todoterreno y chocó contra un tren de mercancías en marcha. De su cuerpo carbonizado solo quedaron las piezas dentales.

Una carrera mortal

Kendall, viuda de Bobby Phills, todavía no sabe muy bien qué hacer con el Porsche con el que su marido tuvo el accidente que le costó la vida en enero del año 2000. Lo último de lo que se tiene constancia es que hasta hace un par de años lo tenía olvidado, sin mantenimiento, en un pequeño terreno de su propiedad. Sin embargo, durante años Kendall no actuó así. Hace años, la viuda de Phills prestó el vehículo para una campaña («La velocidad mata») en la que se pretendía concienciar a los estudiantes de secundaria de los peligros de la conducción. De esa manera, el desvencijado deportivo fue de escuela en escuela como advertencia de lo que la imprudencia al volante puede llegar a ocasionar. Phills y David Wesley (sexto hombre y base titular del equipo) salieron de un entrenamiento de los Hornets en Charlotte cuando se produjo el fatal desenlace, a menos de cuatro kilómetros del Charlotte Coliseum. El primero conducía a unos metros de su compañero a una gran velocidad cuando se produjo el siniestro que le costó la vida, chocando contra una furgoneta. Phills murió en el acto. Todos los que le conocían coincidían en que se trataba de un tipo ordenado y familiar, pero con un único vicio: los coches y la velocidad extrema. El informe policial sobre el accidente apuntó que la víctima conducía a una velocidad superior a los 160 km/h al perder el control de su coche y estrellarse contra otro vehículo. El límite de velocidad en ese tramo de vía era de 70 km/h. En el mismo atestado se apuntaba que ambos jugadores podrían haber incurrido en el accidente durante una carrera. A pesar de ello, el tribunal solo condenó a Wesley por conducción imprudente y no hubo cargo alguno relacionado con el afán competitivo sobre el asfalto. La relación de amistad que mantenían las familias Phills y Wesley se mantiene sin que el accidente haya dejado reproche alguno en la viuda. Como jugador, Bobby Phills acumuló fama como gran defensor, especialmente en Cleveland Cavaliers. Michael Jordan llegó a decir de él que era uno de los que mejor le habían defendido uno contra uno. Un año antes de morir había firmado un contrato de 33 millones de dólares por cuatro temporadas.

El amigo de Garnett

El hombre que conducía bebido y sin el cinturón de seguridad puesto en el momento en el que estrelló su coche en mayo del año 2000 contra el de Malik Sealy causándole la muerte había sido detenido por la misma causa tres años antes. Un juez le condenó después de aquello a cuatro años de prisión y en 2006 volvió a ser detenido por lo mismo. Otra vez en 2008 fue arrestado por la policía en Minnesota con el mismo cargo. Solo después de tanta reincidencia regresó a la cárcel, esta vez por otros diez años. Algo falla en el sistema cuando alguien así puede circular a sus anchas y ponerse al volante cuantas veces quiera tras provocar incidentes de ese tipo de manera reiterada. El alero de los Minnesota Timberwolves Malik Sealy se dirigía a la fiesta de cumpleaños de Kevin Garnett cuando fue embestido por el vehículo de Souksangouane Phengsene.

Nacido en el Bronx dos semanas antes que yo y con fuerte conciencia étnica (su nombre era un homenaje a Malik Shabazz, Malcom X, del que su padre fue guardaespaldas), Sealy disfrutaba de la mejor etapa de su carrera con unos promedios notables y una gran reputación dentro del vestuario del equipo. Garnett siempre habló en términos elogiosos del baloncesto de Sealy y confesó que ya le seguía la pista desde su etapa en la Universidad de Saint John: «No buscaba al mejor jugador de baloncesto sino a uno que jugara con el mismo espíritu que yo, y ese era Malik», reconoció en una entrevista. Creo que en tantos años no he visto a Garnett nunca tratar a un compañero con el cariño evidente con el que trataba a Malik Sealy sobre la pista. Sealy no solo exprimía el baloncesto, también se convirtió en un hombre con visión para los negocios. Había creado una línea de ropa con su nombre, hizo varios cameos como actor en varias series y en la película *Eddie*, y hasta fue propietario de un estudio de grabación al que el rapero Jay Z acudió para diseñar algunos de sus grandes éxitos. Hace años leí una historia sobre Sealy correspondiente a su año de novato en los Pacers. Al parecer se dejó olvidado el libro de setenta y cinco páginas del *scouting* de los Knicks en el aeropuerto Kennedy antes de un partido de *playoff*. Lo encontró un bombero que lo llevó a la emisora de un conocido periodista radiofónico local y este comenzó a hacer bromas sobre el tamaño, el gran volumen de jugadas y la imposibilidad de que Indiana pudiera ganar el partido ni aunque el libro lo hubiese escrito Stephen Hawking. Sealy llamó a la emisora e increpó en directo al locutor, reprochándole su pésimo sentido del humor.

CAPÍTULO 11

Crónica en rosa

Por el amor de una mujer

«*L*o que sucede es que me he enamorado, como el perfecto estúpido que soy, de la mujer que tienes a tu lado… Encájame el directo que te doy.» No sé si mucha gente en Dallas conocerá esta letra de una de las mejores canciones de Luis Eduardo Aute, *Una de dos*, pero habría venido al pelo para describir la historia que presumiblemente acabó con uno de los equipos más prometedores de los años 90: Dallas Mavericks. Era el equipo de las tres jotas. Jason Kidd era el debutante del año en 1995 junto con Grant Hill y le acompañaban en el perímetro Jimmy Jackson y Jamal Mashburn. Tres enormes talentos destinados a sacar a los Mavericks del agujero negro en el que se había sumido la franquicia desde que se separaran Rolando Blackman y Mark Aguirre con la marcha de este a los Pistons. Pero toda la ilusión se diluyó en chocolate hirviendo por el amor de una mujer, incluido el final de la etapa de Dick Motta en el banquillo y la etapa de Donald Carter como propietario. Una mujer tremendamente atractiva y con una voz seductora deshizo por entero una franquicia.

Cómo sería el nivel de aquellos Dallas Mavericks que en la temporada 92-93 finalizaron con un balance de 11 victorias y 71 derrotas. Las elecciones de las tres *jotas* en los *drafts* del 92, 93 y 94 abrieron una vía para acabar con el desastre. A pesar de vencer los cuatro primeros partidos del curso 95-96 solo ganaron 22 más en los 78 restantes. Y es que el ofensivo no era el único triángulo del que se hablaba por entonces en la NBA. La prensa que cubría la información de los Mavericks publicó en marzo de 1996 que Kidd y Jackson habían dejado de hablarse y a los pocos días apuntaron que una mujer era la causa de tal disputa. Al parecer la cantante Toni Braxton acudió a un hotel de Atlanta para salir con Kidd y apareció por el *hall* agarrada del brazo de Jackson. Amarraditos los dos, espumas y terciopelo, que cantara María Dolores Pradera. Ninguno de los dos jugadores ahondó en el problema públicamente pero no se escondieron a la hora de plasmar sus diferencias e incompatibilidades en la pista. Kidd, que fue titular en el All Star Game aquella temporada, acabó siendo traspasado a Phoenix, Jackson a New Jersey y Braxton publicando uno de sus mejores discos, mientras ni afirmaba ni desmentía el rumor. «Nunca cuento a quién beso», decía a los medios. El título del trabajo fue *Secretos,* que vendió ocho millones de discos en Estados Unidos y quince en todo el mundo.

Por una patata frita

No hemos acabado con Jason Kidd. Estrípers de Arizona, Sacramento, Dallas, Miami e Indiana, una taquillera y una empleada de los Nets, una *cheerleader* de Nueva Orleans, una chica llamada Lisa y otra Petra para el *playboy* más activo y disimulado de la NBA en casi dos décadas. Y yo orgulloso de ser contemporáneo de un fenómeno así. La citada alineación es solo un ejemplo, una lista completa de amantes aportada con pelos y señales por su esposa, Joumana, en su contrademanda de divorcio, un espeluznante documento de veintisiete páginas. Un año después de la historia con Braxton y ya como jugador de los Suns, Kidd conoció a la que sería su cónyuge. Cuatro años después de la boda, en 2001, fue detenido por un presunto caso de violencia doméstica. Según parece, golpeó a su mujer en la cara tras una discusión que explotó en el comedor de la mansión de los Kidd en Paradise Valley, en el área metropolitana de Phoenix. Joumana llamó a la policía con un corte en un labio y una hemorragia en la boca. La tensión acumulada encontró la gota que colmó el vaso cuando Jason Kidd cogió una patata frita del plato de su hijo T. J. y su esposa le recriminó esa acción. Según la versión policial, Jason le escupió la patata a Joumana en la cara antes de golpearla. Empezó entonces una guerra en la que la imagen de Kidd cayó por los suelos ante la opinión pública y hasta los Suns se vieron obligados a traspasarlo poco después a los Nets a pesar de que su rendimiento baloncestístico era estelar, jugando *playoffs* durante cinco temporadas consecutivas.

Esta fue una historia a la que Andrés Montes y yo sacamos bastante partido, sobre todo incidiendo en cómo diferencias graves y acumuladas en el tiempo pueden destaparse, especialmente con un personaje violento implicado, solo por un detalle tan aparentemente nimio como el de coger una patata frita de un plato ajeno. Joumana acusó a su esposo de golpearla en repetidas ocasiones (contra el capó de un coche o con un candelabro) y este respondió con una demanda en la que hablaba de un matrimonio caótico debido a los celos y paranoia de ella. Estando jugando en los Nets se dice que un día Joumana cogió el teléfono móvil de su marido en el vestuario, antes de un partido. Revisó llamadas y mensajes «no autorizados» y fue capaz, desde su silla en primera fila de pista, de increpar a su esposo mientras este jugaba. El testimonio de Joumana en el proceso de divorcio resultó escalofriante: definía a Jason Kidd como bebedor y jugador empedernido, sádico y maltratador desde antes de contraer matrimonio. Acusó a Kidd de golpearla con todo tipo de objetos durante el embarazo de su primer hijo o de obligarla a dormir en la habitación de uno de los fisioterapeutas del equipo en una pretemporada ya que no le dejó la llave de la suya a sabiendas de que el hotel estaba completo.

Infidelidades peligrosas

Basketball Wives es un programa de telerrealidad que emite la cadena VH1 desde abril de 2010 en el que mujeres que han tenido alguna relación con jugadores de la NBA son las protagonistas del *show*. Shaunie O'Neal, ex de Shaquille, y Gloria Govan, esposa de Matt Barnes, fueron dos de las participantes en la primera temporada y desde el comienzo se percibió una especial tensión entre ambas. La hemeroteca rosa tiene la explicación a tal entuerto, y es que durante bastante tiempo hubo rumores de que Laura, la hermana de Gloria y mujer del entonces *all star* de los Washington Wizards Gilbert Arenas, mantuvo un romance con Shaq cuando aún estaba casado con Shaunie. Así que la presunta infidelidad fue tema constante de reproche durante bastantes episodios. Laura, harta de los comentarios de la ex de O'Neal hacia ella, se apuntó a una versión del mismo programa de telerrealidad que se grababa en Los Ángeles. Para explicarme mejor, si hay un *CSI Miami* o *Las Vegas*, pues lo mismo sucedió con *Basketball Wives*, que tuvo su edición Miami y otra en Los Ángeles. La cosa se complicó todavía más cuando los dos jugadores de la NBA envueltos en esta historia intentaron por vía judicial paralizar la emisión del programa. Había mucho que tapar puesto que se publicaron correos electrónicos entre Laura y Shaquille muy subidos de tono erótico-sexual, más cercanos a tres que a dos rombos de calificación. Gilbert Arenas, harto de la humillación pública, aseguró en un programa de radio que Laura había intentado destruirlo y arruinarlo y, más grave aún, la acusaba de matar a sus tiburones lanzándoles monedas de un centavo en el tanque de agua en el que tenía a sus peculiares mascotas. Tal era el cariño de Arenas por los tiburones de su mansión de Great Falls (Virginia) que su manutención le costaba cinco mil dólares al mes.

Pasión obsesiva

Hablamos de Doug Christie, *Morceli* para Andrés por su parecido con el atleta argelino, y de su esposa Jackie (por cierto, otra de las participantes del programa *Basketball Wives* en una de sus temporadas). El matrimonio Christie se ha casado dieciséis veces, sí dieciséis. Cada ocho de julio, fecha de su aniversario de boda, organizan otra ceremonia con trajes, invitados, convite y toda la parafernalia que conlleva tal acontecimiento. Los Christie mantenían durante los partidos en la etapa de Doug con los Toronto Raptors y los Sacramento Kings un curioso sistema de comunicación a partir de gestos con las manos para decirse continuamente el uno al otro lo mucho que se querían. La prensa de Toronto llegó a hacer una vez apuestas sobre cuántos gestos se harían el uno al otro durante un encuentro y la cifra llegó a 62. «Lo hago para demostrar a mi mujer lo que la quiero y que ella y mi familia son más importantes que el baloncesto», declaró Doug. Tal es así que Christie aseguraba ni siquiera haber mantenido contacto visual prolongado con otras mujeres desde que contrajo matrimonio y que cada vez que ha hablado con alguna se lo ha contado a su esposa. Las entrevistas con periodistas del sexo femenino estaban prohibidas para este jugador de la NBA. Jackie acompañaba a su marido a casi todos los partidos que disputaba en cancha contraria y era uno de los pasajeros habituales del *jet* privado en el que viajaba el equipo. Todo esto atrajo la atención de una cadena de televisión que propuso a la pareja protagonizar un programa de telerrealidad, *The Christies Committed,* que estuvo dos años en antena. Pero todavía se pueden contar más cosas de la familia. Han publicado un par de libros como guía para enamorados; su hijo menor, Doug júnior, es el protagonista de libros infantiles titulados *Doug va a la escuela* y *Doug aprende a montar en bicicleta.* La hija mayor, Chantel (Chani es su nombre artístico), ha grabado un par de discos y se lanzó al mundo del papel *couché* cuando criticó públicamente a su madre por su actuación en el programa *Basketball Wives.* Lo último que se sabe de Doug y Jackie es que van a iniciar su carrera como productores de cine porno. En un primer momento han descartado protagonizar alguna película. De momento.

Me quiere gobernar

«María Cristina me quiere gobernar. Y yo le sigo, le sigo la corriente. Porque no quiero que diga la gente que María Cristina me quiere gobernar.» Andrés Montes siempre cantaba este estribillo cada vez que Glen Rice metía un triple o nos ocupábamos de su matrimonio con la cubana Cristina Fernández, una mujer de armas tomar. El compositor de esta guaracha es Benito Antonio Fernández Ortiz, más conocido por su nombre artístico, Ñico Saquito. Siempre contó que la escribió hastiado de las exigencias de una amante posesiva, que quería acompañarle a todas partes y le perseguía como un policía. Un día, Ñico se despidió de ella por un mes para cumplir con los compromisos de un gira en Venezuela pero tardó diez años en volver. La letra demostró una vez más la habilidad de Andrés para definir momentos e historias. Lo de este matrimonio era para cantar y bailar. Cristina era la indisimulada gobernadora de la relación y el tirador obedecía sin rechistar. Si había que ir a una manifestación para evitar la vuelta del niño Elián a Cuba, allí que iba el pobre Glen por mucho que se estuvieran disputando los *play-offs*. Glen y Cristina se conocieron en 1995 en una fiesta que organizó Matt Geiger como regalo a su compañero de equipo en Miami tras ganar el concurso de triples del All Star. Allí la vio y quedó prendado, aunque la primera cita le costó Dios y ayuda. Cuando ella finalmente accedió, Rice, ese mismo día, consiguió anotar en un partido 56 puntos, el tope de su carrera.

Cristina no tenía pelos en la lengua a la hora de criticar a su marido por su falta de actitud en los partidos o a Phil Jackson por los pocos minutos que le tuvo en pista durante la final de la NBA del año 2000 contra los Indiana Pacers. «Nunca ha querido a Glen, siempre quiso a alguien como Scottie Pippen y esta es la manera de hacer ver a sus superiores su enfado por no concederle esa petición. Es el modo que usa Phil para dejar claro a los de arriba quién tiene el control. Es de locos», decía Cristina en aquellos tiempos del que fuera el primer anillo de los Lakers después de doce años. Las cosas fueron a más y la señora Rice llegó a contar en una radio de Los Ángeles que si esta situación le hubiera pasado a ella se hubiera convertido en una especie de Latrell Sprewell (en referencia a cuando este jugador se enfrentó a su entrenador P. J. Carlesimo en un entrenamiento de los Warriors y le agarró del cuello). En 2008, cuando ya estaban separados, Glen se presentó en casa de su ex y madre de sus cinco hijos en Coral Gables (Florida), y encontró a un hombre, Alberto Pérez, un famoso profesor colombiano de *Zumba Fitness*, de cuarenta y siete años, escondido en el armario y se lió a puñetazos con él. Posteriormente la prensa de Miami responsabilizó a Cristina del divorcio sonado del cantante puertorriqueño Luis Fonsi. En 2011 la prensa estadounidense desveló que en 1987, mientras Rice jugaba en la Universidad de Michigan, pasó una noche de loca pasión con la exgobernadora de Alaska y candidata republicana a la vicepresidencia de Estados Unidos, Sarah Palin.

El ídolo caído

Una de las historias más cinematográficas colaterales a la NBA tiene que ver con el seguramente mejor anotador de la historia de menos de 1,85 metros de estatura, Allen Iverson. Una madre soltera de solo quince años, una chabola, un padre en prisión por acuchillar a una mujer, un padrastro traficante. Testigo de su primer asesinato a los ocho años. «Es como Tupac, pero con un buen tiro en suspensión», dijo el sociólogo Michael Eric Dyson hace unos años comparando a esta estrella del baloncesto, que ha ganado más de 150 millones de dólares durante su carrera, y al rapero asesinado en 1996. Iverson fue un portento físico y anotador con un corazón competitivo enorme. Solo así pudimos explicar que un equipo tan mediocre como los Sixers alcanzaran la final del 2001, el mismo año en el que Iverson fue elegido MVP de la temporada. Los psicólogos que han profundizado en su historia apuntan a que la ausencia de una referencia paterna y autoritaria ha hecho de Iverson lo que es hoy en día, un hombre capaz de echar a su esposa desnuda de su casa y buscarla por la ciudad a punta de pistola o con problemas reales de liquidez a pesar de los contratos firmados durante su carrera, incluidas las mansiones perdidas recientemente debido a sendas ejecuciones hipotecarias.

Pese a que el juego y el alcohol lo han despersonalizado y lo han empujado a dejar en tirillas su cuenta corriente, Iverson aún podría tener un último bote salvavidas. Gente de su círculo más cercano asegura que, gracias a un plan de administración económica que le hicieron hace unos años, existe una cuenta bancaria en la que hay depositados 32 millones de dólares que no pueden ser utilizados hasta que cumpla cincuenta y cinco años y que mientras tanto recibe un millón de dólares anuales.

Ante nosotros se presenta un personaje que aún no ha cumplido los cuarenta años y que, haciendo el símil con un coche, ha quemado demasiados neumáticos para la poca vida que ha recorrido. ¿Cómo envejecerá este hombre alejado de lo que mejor le hacía sentir en la vida y con tales problemas económicos? ¿Llegará a envejecer? Nos quedan muchas cosas que leer de Allen Iverson, la mayoría, me temo, desagradables y puede que alguna sin solución posible.

El conejo de la (mala) suerte

Kenny Anderson (*Bugs Bunny* para Andrés Montes) llegó a estampar su firma en un papel en el que reconocía que estaba en bancarrota. Los dispendios, la pensión de sus siete hijos (engendrados con cinco mujeres diferentes, una de ella Spinderella, una de las componentes del grupo Salt-N-Pepa), falsos amigos y malos consejeros le llevaron a malgastar una fortuna de unos 60 millones de dólares, acumulados en catorce temporadas en la NBA. En *Broke,* ese impactante documental emitido por ESPN y Canal+ en el que se relataba la ruina de deportistas que habían nadado en dinero, Jamal Mashburn aseguraba que en algunas canchas era mayor el espectáculo en el parking de los vehículos de los jugadores que en la propia pista. Anderson llegó a tener once coches en su etapa más desahogada, mansiones que nunca pisó y un bolsillo muy ancho para prestar dinero a todo aquel que se lo pedía. El base siempre tuvo reputación de derrochador entre sus compañeros. El *Washington Post* publicó hace unos años una historia en la que contaba cómo era su nueva vida después de quedarse sin un centavo. El primer párrafo del reportaje sitúa a Anderson de camino al aeropuerto para recoger a cinco de sus hijos, que llegan desde diferentes partes del país para reunirse con su padre. Está casado con Tasha, a la que conoció durante un partido de *playoff* en 2004 cuando jugaba en los Pacers y vive en una casa que ya nada tiene que ver con las lujosas construcciones a las que tuvo acceso cuando era millonario. Y cada mañana recibe una llamada del pastor Al Taylor, con el que conversa durante una hora sobre textos de la Biblia o algún asunto que preocupe a Kenny.

Anderson salió pitando de la Universidad de Georgia Tech sin acabar su licenciatura en busca del dinero de la NBA, así que hasta 2010 no consiguió tener una carrera universitaria. Lo último que se sabe de él es que entrena al equipo de un instituto judío de Florida. El *Post* termina esa historia sobre Anderson con una pregunta que le hace el exjugador a su hija Danielle: «¿Cómo lo estoy haciendo ahora como padre?» «Estás mejorando», responde ella.

Más secuestros que anillos

Aparece en YouTube un vídeo con fecha de febrero de 2012 en el que se ofrece un tráiler de un documental sobre la vida de Isaiah Rider. Un compactado de imágenes de algo más de dos minutos en el que se anuncia su estreno y la web del jugador *isaiahrider.com*. A día de hoy ni hay noticia de ese proyecto ni hay contenido alguno en dicho dominio de Internet: ha desaparecido. En esa proyección se muestra al exjugador emulando el famoso mate del balón entre las piernas que le valió para ganar el concurso de mates de 1993. Hay diversas sospechas sobre si es reglamentaria la altura a la que se sitúa la canasta en la que Rider repite esa acción. Así fue exactamente su carrera en la NBA: un enorme talento del que nadie jamás llegó a fiarse. Su lista de detenciones y de problemas con la justicia daría para escribir un capítulo entero. Desde el día en que le lanzó un batido a la cara de un empleado de la cadena de restaurantes de comida rápida Jack in the Box en Las Vegas con la justificación de que lo había pedido de fresa y se lo habían puesto de vainilla a Rider ya no le dio tiempo a cumplir un castigo cuando ya cometía la siguiente fechoría y volvía a caer en el agujero. Un poco antes de su traspaso de Minnesota a Portland fue detenido por posesión de droga, por darle una patada a la encargada de un bar y durante uno de esos arrestos cometió otro delito puesto que usó un teléfono móvil que cargaba las llamadas a otra cuenta que no era la suya. Tres semanas después volvió a entrar esposado en una comisaría por apuestas ilegales. En Portland le sancionaron con tres partidos de suspensión por escupir a un espectador.

Ante todo este cuadro, habría que preguntarse qué pasaría por la cabeza del *general manager* de los Hawks, Pete Babcock, para llevarlo a Atlanta a cambio de Steve Smith. En su nueva franquicia acusó a Dikembe Mutombo y a LaPhonso Ellis de dar el chivatazo a la liga de su consumo de marihuana. El asunto llegó a ponerse tan feo que hay quien dice que amenazó con matar a los hijos del pívot africano. Imposible de enderezar, Rider recibió una última oportunidad, cómo no, con Phil Jackson. Para el Maestro Zen suponía un nuevo reto rehabilitar a uno de los más incorregibles productos que había dado la NBA en los últimos años. Jackson tampoco lo logró del todo. Lo dejó fuera de la lista de jugadores inscritos para los *playoffs* después de que Rider no se presentara a un partido de los Lakers ante los Spurs con la excusa de que el recepcionista del hotel había olvidado despertarle. Al menos, rebañó un anillo de campeón.

Ya retirado, a Rider le dio por los secuestros. En el 2006 fue arrestado por secuestrar a una amiga durante horas en su propio vehículo y en el año 2000 secuestró a su hijo de un mes de edad.

Infidelidad sin salir del vestuario

En noviembre del 2010 se confirmaron los rumores que llevaban tiempo azotando la prensa rosa relacionada con la NBA. Eva Longoria solicitó el divorcio de Tony Parker después de siete años juntos. La prensa apuntó que el desencadenante de la decisión de la actriz de origen mexicano fue el descubrimiento de cientos de mensajes de alto tono sexual en el teléfono del jugador dirigidos a una amiga común.

Tony Parker y Brent Barry fueron compañeros en los San Antonio Spurs y ganaron juntos dos títulos (2005 y 2007). Una periodista de *Sports Illustrated*, Bryan Armen Graham, reveló que Erin, la esposa de Brent Barry, era la mujer con la que Tony Parker mantuvo un idilio y a la que dirigió todas esas comunicaciones desde su teléfono. Erin incluso había acudido en una ocasión a la celebración de un cumpleaños de Eva. Ambos matrimonios sincronizaron divorcios en el tiempo.

EPÍLOGO

La pareja impar

$\mathcal{U}$no. Da-i-mi-el. Dos. Daimiel-Montes. Tres. Damiel-Montes-Canal+ / más... Daimiel-Montes-NBA / Daimiel-Montes-Chicago Bulls / Daimiel-Montes-Jordan. Triángulo equilátero, los tres lados iguales. La aportación de estos tres monstruos al baloncesto universal es impagable. Horarios infernales, noches sin dormir, la salud en juego, profesionalidad intachable... y amigos para siempre. Daimiel, castellano, cálido, genio en la sombra y el dato como valor periodístico. Daimiel-Montes-Jordan, la pareja perfecta, como siempre la impar. !!!Jugón!!!

JOSÉ MANUEL FERNÁNDEZ *

* Enviado especial del diario *El Mundo Deportivo* a la NBA durante dos décadas y compañero de viaje de Andrés Montes y Antoni Daimiel.

Agradecimientos

$\mathcal{N}$o es fácil ser selectivo a la hora de concretar en el capítulo de agradecimientos. Esta compilación de reflexiones siempre estuvo sobre la mesa o al menos en un rincón de las ideas. Durante muchos años no encontré o no quería encontrar el momento. Gracias a Juan Carlos Rentero, por el interés e insistencia. Gracias a Carlos Ramos y Manuel Montero, de Córner, por encontrar el modo, la sutileza y el momento para engendrarlo. A Alberto —por su colaboración documental—, Alfonso Cortés-Cavanillas, a Gustavo Gil, a Íñigo García de Puerto, a Toñín, a César y, por supuesto, a todo el equipo actual de NBA+ y las retransmisiones de Cuatro. No quiero olvidarme de colegas con los que compartimos momentos inolvidables en Estados Unidos: Remedios García, Esther Ruano, Enrique Rabasco, José Manuel Fernández, Luis Mendiola, David Carro, Miguel Candeias, Miguel A. Barbero, Nuria Pombo, Jordi Robirosa, Esther Poses, Joan, Manoli y mi recordado Pedro Segura.

En justicia en este capítulo de agradecimientos tendría que mencionar a todo aquel que pudo facilitar mi destino, mi colocación en la salida y en la carrera, mi instrucción para reconocer lo valioso y eludir direcciones engañosas. Insinuadores del privilegio y la fortuna, compañeros y jefes de los que aprendí por cercanía y transmisión espontánea, sin un gran propósito suyo ni mío. Por supuesto, Canal+, que ha sido mi vehículo y mi casa durante veintidós años, una casa de fortuna para un novato de veinte años y para un periodista a ratos hastiado de cuarenta y tres. Sin dudarlo, mi debido respeto a referentes lejanos y compañeros desconocidos que se dejaron admirar. Personajes de contenido, discurso y reflexión con los que tuve la fortuna de toparme o que pude buscar en libros, discos e Internet. Y desde luego a defensas rivales, colegas que sacaron codos y pusieron trabas para que pudiera aprender a eludir obstáculos y desenvolverme en una profesión despiadada de buena cara y cuchillos voladores.

Sí debo destacar por encima conversaciones familiares que me enseñaron desde muy niño a discernir y priorizar. Muchos me influyeron y unos pocos me decidieron y determinaron. A mi padre, Justo, que me puso en órbita y me pagó el viaje. Me ordenó desde el principio y me acostumbró a disfrutar con el deporte, a leer y a inquietarme por lo interesante. Y se lo perdió todo, razón por la cual ni este libro ni esta vida podrán nunca acabar de completarse como debieran. A mi abuelo Antonio, en su rincón soleado de los domingos por la tarde junto a una radio; a mi madre, María José, que siempre estuvo ahí para hacer de su orgullo mi gasolina. A Óscar y Rubén, a Salomé, Prado y Mar, a los Cano Martínez, a Nico y Maldini, a Julia y a Juan, Willy y Nacho. A mis compañeras de viaje sentimental, que siempre dejaron el Calabaza's Club como un club únicamente emocional, que construyeron mientras estuvieron y no rompieron nada al marcharse. A Yul, que se quedó para acompañarme y dejarse acompañar y que ha sabido disculparme y aceptar mis años de mayor dedicación al trabajo y mayor descuido personal. Y especialmente a Andrés Montes, un amigo con el que compartí mesa y ratos inolvidables durante la mayor parte de las noches durante diez años. Qué bueno que viniste y qué rápido que te fuiste, a tu estilo, dejando tantas cosas pendientes de comentar, de concretar.

Antoni Daimiel

Nació en Ciudad Real en 1970, es periodista y ha estado vinculado a Canal+ desde el comienzo de sus emisiones en 1990. En esta cadena ha comentado partidos de la NBA desde 1995; ahora continúa haciéndolo en Movistar+. Ha cubierto en Estados Unidos dieciséis finales de la NBA y trece All Star, además de los Juegos Olímpicos de Atlanta 96. Fue narrador de baloncesto universitario americano (NCAA), reportero y editor del programa televisivo *El día después*, reportero de *Informe Robinson* y ha colaborado en otros medios como *El Norte de Castilla, El País, El Periódico de Catalunya*, el desaparecido *ADN*, Onda Cero, Veo TV, Marca TV, Cadena SER y *As*.